教育法規重點精要

吳明隆　陳國泰　編著

五南圖書出版公司 印行

序

　　十二年國教課綱實施後，學習評量或入學考試均配合國教課綱脈動，導向核心素養的評量試題，教師資格考試也根據教師專業五大素養及專業素養指標命題，試題結合教育情境、生活脈絡與跨學科領域的綜合題型。在教師資格考試與縣（市）聯合教師甄試中，教育法規（／政策）也占了一定比例分數，若讀者能熟悉法規內容，在相關考試中也能為自己加分。配合十二年國教新課綱的實施，許多教育法規都進行了調整與增刪，以配合新政策推行。

　　《教育法規重點精要》一書蒐集整理了與中小學教育相關關聯性較高的教育法規，各法規只摘錄其中部分條文，因而不像一般教育法規書籍的編排形式。書籍第一篇摘錄列舉各法規重要的條文、款（或項目），為便於讀者快速連結記憶，款（或項目）有重新編碼，條文關鍵字詞均以引號及粗體字特別顯示；第二篇為自我練習題，在於讓讀者自行練習對法規內容的了解程度。

　　對一位教育工作者而言，熟知相關教育法規是十分重要的，《教師法》賦予教師權利也明訂教師義務，有效能的教師必須能「依法行政、依理行事、依情管教」。《教育法規重點精要》能讓讀者快速掌握法規的重點與精髓，更能讓讀者以更有效率及有效能的方法準備教育法規考試的範疇。

本書蒐集整理的法規內容來自「全國法規資料庫」網，搜尋擷取日期至民國111（2022）年12月，因為教育法規隨時更新，若於民國112（2023）年有修正的法規要以「全國法規資料庫」網公告條文內容為主；此外，讀者若要查詢法規全部條文也要至「全國法規資料庫」網查詢。

　　《教育法規重點精要》全書精簡統整有系統性，適合作為教師資格考試與縣市教甄的考試用書。

吳明隆、陳國泰

2023.1.1

目　錄

序

第二篇　自我練習題　　　　　　　　　　　　　　　133

第一篇

法規摘要

前言

　　教師資格考試與縣市教師甄試之教育政策與法規，除各縣市自訂的縣市法規外，就共同教育法規而言，其中較為重要者有以下：

- 《中華民國憲法》與《中華民國憲法增修條文》第 10 條
- 《師資培育法》、《師資培育之大學及教育實習機構辦理教育實習辦法》
- 《教育基本法》
- 《教師法》、《教師法施行細則》
- 《國民教育法》、《國民教育法施行細則》
- 《高級中等教育法》
- 《校園霸凌防制準則》
- 實驗教育三法──《學校型態實驗教育實施條例》、《公立高級中等以下學校委託私人辦理實驗教育條例》、《高級中等以下教育階段非學校型態實驗教育實施條例》
- 《偏遠地區學校教育發展條例》、《偏遠地區學校教育發展條例施行細則》
- 《性別平等教育法》
- 《特殊教育法》
- 《教師請假規則》
- 《學校訂定教師輔導與管教學生辦法注意事項》
- 《教育部國民及學前教育署補助辦理國民小學及國民中學學生學習扶助作業要點》
- 《教育部國民及學前教育署補助辦理國民小學及國民中學學生學習扶助作業注意事項》

- 《國民小學與國民中學未入學或中途輟學學生通報及復學輔導辦法》
- 《高級中等學校中途離校學生預防追蹤及復學輔導實施要點》
- 《高級中等以下學校教師評審委員會設置辦法》
- 《教師進修研究等專業發展辦法》
- 《高級中等以下學校教師解聘不續聘停聘或資遣辦法》
- 《高級中等以下學校教師專業審查會組成及運作辦法》
- 《學生輔導法》（併入發展與輔導學科）
- 《國家語言發展法》

　　書中法規內容均擷取全國法規資料庫中的法規內容，為便於讀者閱讀，將部分的款目序號重新編碼。原法規之款冠以一、二、三等數字，目冠以 (一)、(二)、(三) 等數字，書中款序號改為 1、2、3，目改為 (1)、(2)、(3)（全國法規資料庫網址：https://law.moj.gov.tw/）。書中每個法規只摘錄部分內容，若要查看完整法規請至全國法規資料庫中查詢。法規的單引號內粗體字為作者自行增列，便於讀者能快速掌握法規條文重點。法規查詢時間為 111 年 12 月，若相關法規於 112 年後有增修，請以增修後的法規為主。

《師資培育法》

第 1 條

　　爲培育高級中等以下學校及幼兒園師資，充裕教師來源，並增進其專業知能，特制定本法。

第 3 條

　　本法用詞，定義如下：

1. 師資培育：指專業教師之培養，包括**「師資職前教育」**、**「教育實習」**及**「教師在職進修」**。

3. 師資職前教育課程：指參加教師資格考試前，依本法所接受之各項有關課程，包括**「普通課程」**、**「教育專業課程」**及**「專門課程」**。

4. 普通課程：爲培育教師**「人文博雅及教育志業精神」**之共同課程。

5. 教育專業課程：爲培育教師依師資類科所需教育知能之教育學分課程。

6. 專門課程：爲培育教師任教學科、領域、群科專長之專門知能課程。

　　師資培育之專業教師之培養範疇可統整爲以下圖示：

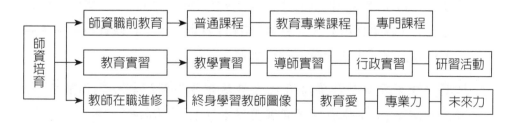

第 4 條

師資培育應落實以**「學生學習為中心」**之教育知能、專業精神及品德陶冶，並加強尊重多元差異、族群文化、社會關懷及國際視野之涵泳。

為達成前項師資培育之目標，中央主管機關應訂定教師專業素養指引及師資職前教育課程基準。

第 5 條

1. 中央主管機關（教育部）應設**「師資培育審議會」**，辦理下列事項：

   (3) 關於師範大學及教育大學變更及停辦之審議事項。

   (4) 關於師資培育相關學系認定及變更之審議事項。

   (5) 關於大學設立及停辦師資培育中心之審議事項。

第 10 條

1. 教師資格檢定，依下列規定辦理：

   (1) 教師資格考試：依其類科取得修畢師資職前教育證明書或證明者，始得參加。

   (2) 教育實習：通過教師資格考試者，始得向師資培育之大學申請修習包括：**「教學實習」**、**「導師（級務）實習」**、**「行政實習」**、**「研習活動」**之**「半年全時」**教育實習。

⇨ 根據《教育部補助師資培育之大學落實教育實習輔導工作實施要點》第五點 (二) 補助教育實習獎助金：1. 補助期程：每年二月至七月（下學期實習）及八月至翌年一月（上學期實習）。2. 補助基準：依師資培育法規定實際修習教育實習，每人每月補助新臺幣**「五千元」**，至多支領**「六個月」**。

⇨ 根據《師資培育之大學及教育實習機構辦理教育實習辦法》第四條：二、導師（級務）實習：以班級經營、輔導學生及親師溝通為主，且以寒、暑假以外學期期間，每週「三個半日」為原則。三、行政實習：以認識、協助學校行政事務及全校性活動為主，並以於寒、暑假期間實施為原則；於學期期間實施者，每週以「四小時」為原則。四、研習活動：以參加校內、外教學、班級經營、學生輔導、教育政策及精進專業知能之研習活動為主；參加時數，總計應「至少十小時」。

第二十三條：實習學生符合法令規定資格，並經師資培育之大學同意者，得於教育實習期間，配合教育實習機構進行下列教學活動：一、擔任高級中等以下學校學習扶助、社團活動指導、監考或其他教學活動。二、擔任高級中等以下學校「未滿三個月」之代課。前項教學活動，每週累計總節（時）數最高為十節（時），前項第二款代課，「每月」最高為「二十節」（時）。

⇨ 半年全時實習學生若擔任學習扶助課程，每週最多上十節課，如果是擔任學校內短期代課教師（不用公開甄選），每月累計不能超過二十節課。

第 14 條

1. 師資培育以「自費」為主，兼採「公費」及助學金方式實施；公費生畢業後，應至偏遠或特殊地區學校服務。

⇨ 相關法規為《師資培育公費助學金及分發服務辦法》第五條：經由師資培育之大學公開辦理「招生入學」之公費生公費受領年限為「四年」。經由師資培育之大學校內甄選之公費生公費受領年限為二年至四年。經由師資培育之大學公開辦理招生入學之碩士級公費

生公費受領年限為「二年」。

第十五條：公費合格教師之分發任教，依教師法第九條第一項第一款規定，「免經學校教師評審委員會審查」。

第十六條：公費生取得教師證書後，應於分發學校連續服務，其最低服務年限「不得少於六年」，前項連續服務期間，公費生如有重大疾病或事故者，得辦理展延服務，其期間至多為三年，並以一次為限。

第 22 條

1. 本法中華民國一百零六年五月二十六日修正之條文施行後，通過教師資格考試且依中小學兼任代課及代理教師聘任辦法聘任之代理教師，符合下列各款規定者，得「抵免修習教育實習」，由中央主管機關發給該類科教師證書：

    (1) 通過教師資格考試後「七年內」於偏遠地區之學校任教「二學年以上」或每年連續「任教三個月以上」累計「滿二年」。但其年資累計以同一師資類科為限。

    (2) 經評定成績及格。

《中華民國教師專業素養&師資職前教育課程基準》

二、定義

(一) 教師專業素養

教師專業素養，係指一位教師勝任其教學工作，符應教育需求，在博雅知識基礎上應具備任教學科專門知識、教育專業知能、實踐能力與專業態度。

⇨ 教師專業素養意涵的界定，除具備博雅知識外，要具備四項知能：1.任教學科專門知識、2.教育專業知能、3.實踐能力、4.專業態度。

(二) 課程基準

課程基準，係指中央主管機關對各師資培育之大學規劃師資職前教育課程（包括：普通課程、教育專業課程及專門課程）最基本、必要及共同的規範。

五大專業素養：

1. 了解教育發展的理念與實務。
2. 了解並尊重學習者的發展與學習需求。
3. 規劃適切的課程、教學及多元評量。
4. 建立正向學習環境並適性輔導。
5. 認同並實踐教師專業倫理（此素養未列入教師資格考試範疇）。

⇨ 前四大專業素養規劃教師資格考試的三大教育科目考科：「教育理念與實務」（專業素養1）、「學習者發展與適性輔導」（專業素養2與4）、「課程教學與評量」（專業素養3）。

　　教師專業素養及對應之十七項專業素養指標摘要表如下（引自中華民國教師專業素養指引——師資職前教育階段暨師資職前教育課程基準，頁3-4）：

專業素養	專業素養指標
1. 了解教育發展的理念與實務	1-1了解有關教育目的和價值的主要理論或思想，以建構自身的教育理念與信念。
	1-2敏銳覺察社會環境對學生學習影響，以利教育機會均等。
	1-3了解我國教育政策、法規及學校實務，以作為教育實踐的基礎。
2. 了解並尊重學習者的發展與學習需求	2-1了解並尊重學生身心發展、社經及文化背景的差異，以作為教學與輔導的依據。
	2-2了解並運用學習原理，以符合學生個別的學習需求與發展。
	2-3了解特殊需求學生的特質及鑑定歷程，以提供適切的教育與支持。
3. 規劃適切的課程、教學及多元評量	3-1依據課程綱要／大綱、課程理論及教學原理，以規劃素養導向課程、教學及評量。
	3-2依據課程綱要／大綱、課程理論及教學原理，以協同發展跨領域／群科／科目課程、教學及評量。
	3-3具備任教領域／群科／科目所需的專門知識與學科教學知能，以進行教學。
	3-4掌握社會變遷趨勢與議題，以融入課程與教學。
	3-5應用多元教學策略、教學媒材及學習科技，以促進學生有效學習。
	3-6根據多元評量結果調整課程與教學，以提升學生學習成效。
4. 建立正向學習環境並適性輔導	4-1應用正向支持原理，共創安全、友善及對話的班級與學習環境，以養成學生良好品格及有效學習。
	4-2應用輔導原理與技巧進行學生輔導，以促進適性發展。
5. 認同並實踐教師專業倫理	5-1思辨與認同教師專業倫理，以維護學生福祉。
	5-2透過教育實踐關懷弱勢學生，以體認教師專業角色。
	5-3透過教育實踐與省思，以發展溝通、團隊合作、問題解決及持續專業成長的意願與能力。

《教育基本法》

⇨ 有准教育憲法之稱。

第 1 條

為保障人民「**學習**」及「**受教育**」之權利，確立教育基本方針，健全教育體制。

⇨ 強調學習權與受教權。

第 2 條

「**人民**」為教育權之主體。

教育之目的以培養人民健全人格、民主素養、法治觀念、人文涵養、愛國教育、鄉土關懷、資訊知能、強健體魄及思考、判斷與創造能力，並促進其對基本人權之尊重、生態環境之保護及對不同國家、族群、性別、宗教、文化之了解與關懷，使其成為具有國家意識與國際視野之現代化國民。

⇨ 界定教育權的主體為人民，非學生或教師群體。

第 3 條

教育之實施，應本「**有教無類**」、「**因材施教**」之原則，以人文精神及科學方法，尊重人性價值，致力開發個人潛能，培養群性，協助個人追

求自我實現。

⇨ 界定教育實施原則為有教無類、因材施教，此原則符應新課綱適性
教育精神。

第 4 條

　　人民無分性別、年齡、能力、地域、族群、宗教信仰、政治理念、
社經地位及其他條件，**「接受教育之機會」**一律平等。對於**「原住民」**、
「身心障礙者」及**「其他弱勢族群」**之教育，應考慮其自主性及特殊性，
依法令予以特別保障，並扶助其發展。

⇨ 對應的法規為《原住民族教育法》、《原住民族教育法施行細
則》、《特殊教育法》、《特殊教育法施行細則》、《偏遠地區學
校教育發展條例》等。

第 5 條

　　對**「偏遠」**及**「特殊地區」**之教育，應優先予以補助。**「教育經費」**
之編列應予以保障；其編列與保障之方式，另以法律定之。

⇨ 相關法規有《偏遠地區學校教育發展條例》、《偏遠地區學校教育
發展條例施行細則》、《偏遠地區學校分級及認定標準》。

第 6 條

　　教育應本**「中立」**原則。學校不得為特定政治團體從事宣傳或活動。
主管教育行政機關及學校亦不得強迫學校行政人員、教師及學生參加任何

政治團體或活動。公立學校不得爲特定宗教信仰從事宣傳或活動。主管教育行政機關及公立學校亦不得強迫學校行政人員、教師及學生參加任何宗教活動。

第 7 條

人民有依教育目的興學之自由；政府對於私人及民間團體興辦教育事業，應依法令提供必要之協助或經費補助，並依法進行財務監督。其著有貢獻者，應予獎勵。

政府爲鼓勵私人興學，得將公立學校委託私人辦理。

⇨ 相關法規有《公立高級中等以下學校委託私人辦理實驗教育條例》、《公立高級中等以下學校委託私人辦理實驗教育條例施行細則》。

第 8 條

1. 教育人員之工作、待遇及進修等權利義務，應以法律定之，教師之專業自主應予尊重。

⇨ 相關法規有《教師法》、《教師待遇條例》、《公立高級中等以下學校教師成績考核辦法》等。

2. 學生之「學習權」、「受教育權」、「身體自主權」及「人格發展權」，國家應予保障，並使學生不受任何體罰及霸凌行爲，造成身心之侵害。

3. 「國民教育階段」內，家長負有輔導子女之責任，並得爲其子女之最佳福祉，依法律選擇受教育之方式、內容及參與學校教育事務之權利。

第 10 條

1. 「**直轄市及縣（市）政府**」應設立「**教育審議委員會**」，定期召開會議，負責主管教育事務之「**審議**」、「**諮詢**」、「**協調**」及「**評鑑**」等事宜。

2. 前項委員會之組成，由「**直轄市及縣（市）政府首長**」或「**教育局局長**」為召集人，成員應包含教育學者專家、家長會、教師會、教師工會、教師、社區、弱勢族群、教育及學校行政人員等代表；其設置辦法由直轄市、縣（市）政府定之。

⇨ 如《高雄市政府教育審議委員會設置要點》、《臺中市教育審議委員會設置要點》等。

第 15 條

　　教師「**專業自主權**」及學生「**學習權**」、「**受教育權**」、「**身體自主權**」及「**人格發展權**」遭受學校或主管教育行政機關不當或違法之侵害時，政府應依法令提供當事人或其法定代理人有效及公平救濟之管道。

《教師法》

第 1 條

　爲明定教師**「權利義務」**，保障教師工作及生活，提升教師專業地位，並維護學生學習權，特制定本法。

⇨ 教師法立法的目的。

第 2 條

1. 本法所稱主管機關：在中央爲**「教育部」**；在直轄市爲**「直轄市政府」**；在縣（市）爲**「縣（市）政府」**。

第 3 條

1. 本法於公立及已立案之私立學校編制內，按月支給待遇，並依法取得教師資格之**「專任教師」**適用之。

第 4 條

　教師資格檢定與審定、聘任、權利義務、待遇、進修與研究、退休、撫卹、離職、資遣、保險、教師組織、申訴及訴訟等悉依本法之規定。

第 5 條

　教師資格之取得分**「檢定」**及**「審定」**二種：高級中等以下學校之教師採**「檢定」**制；專科以上學校之教師採審定制。

第 9 條

1. 高級中等以下學校教師之聘任，分「**初聘**」、「**續聘**」及「**長期聘任**」，除有下列情形之一者外，應經教師評審委員會審查通過後，由校長聘任之：

   (1) 依師資培育法規定分發之「**公費生**」。

   (2) 依國民教育法或高級中等教育法「**回任教師之校長**」。

➪ 以上二者不用經教師評審委員會審查通過，經介聘分發或公開甄選的教師都還要經學校教師評審委員會審查通過。

2. 前項教師評審委員會之組成，應包括教師代表、學校行政人員代表及家長會代表一人；其中未兼行政或董事之教師代表，不得少於總額「**二分之一**」，但教師之員額少於委員總額二分之一者，不在此限。

➪ 如甲校教評會委員二十四人，未兼行政之教師代表至少十二位以上（至少二分之一以上）。

第 10 條

1. 高級中等以下學校教師之聘任，以具有「**教師證書者**」為限。

2. 高級中等以下學校教師聘任期限，「**初聘為一年**」；續聘「**第一次為一年**」，以後續聘「**每次為二年**」；「**續聘三次以上**」服務成績優良者，經教師評審委員會全體委員「**三分之二以上**」審查通過後，得以長期聘任，其聘期由各校「**教師評審委員會訂定**」之，至多「**七年**」。

➪ 一位新進教師最快要在學校服務滿幾年才能獲長期聘任：初聘一年＋續聘一年＋續聘二年＋續聘二年＝六年，至少服務要滿六年，第七年起才可能獲長期聘任，長期聘約期限各校間可能不同，但一次長期聘約的年數至多為七年。

⇨ 《教師待遇條例》第七條：高級中等以下學校教師之薪級，以「學經歷」及「年資」敘定之。

第八條：中小學初任教師以「學歷」起敘。

第十條：中小學教師在職期間經服務學校或主管機關基於教學需要，同意其進修、研究與其教學有關之知能，取得較高學歷者，以現敘薪級為基準，依下列規定改敘，並受所聘職務等級最高本薪之限制：1.以專科以上學校畢業或同等學歷取得碩士學位，提敘「薪級三級」；逕修讀取得博士學位，提敘「薪級五級」；以碩士學歷取得博士學位，提敘「薪級二級」。

附表二《學校教師薪級起敘基準表》，中小學教師起敘基準具博士學位，薪級、薪點分別為十九級、330；具研究所碩士學位者分別為二十四級、245；具學士學位者分別為二十九級、190。

第 14 條

　　教師有下列各款情形之一者，應予**「解聘」**，且終身不得聘任為教師：

1. 動員戡亂時期終止後，犯內亂、外患罪，經有罪判決確定。

2. 服公務，因貪汙行為經有罪判決確定。

3. 犯性侵害犯罪防治法第二條第一項所定之罪，經有罪判決確定。

4. 經學校性別平等教育委員會或依法組成之相關委員會調查確認有性侵害行為屬實。

5. 經學校性別平等教育委員會或依法組成之相關委員會調查確認有性騷擾或性霸凌行為，有解聘及終身不得聘任為教師之必要。

6. 受兒童及少年性剝削防制條例規定處罰，或受性騷擾防治法規定處罰，經學校性別平等教育委員會確認，有解聘及終身不得聘任為教師

之必要。

7. 經各級社政主管機關依兒童及少年福利與權益保障法規定處罰，並經教師評審委員會確認，有解聘及終身不得聘任為教師之必要。

8. 知悉服務學校發生疑似校園性侵害事件，未依性別平等教育法規定通報，致再度發生校園性侵害事件；或偽造、變造、湮滅或隱匿他人所犯性侵害事件之證據，經學校或有關機關查證屬實。

9. 偽造、變造或湮滅他人所犯校園毒品危害事件之證據，經學校或有關機關查證屬實。

10. 體罰或霸凌學生，造成其身心「嚴重侵害」。

11. 行為違反相關法規，經學校或有關機關查證屬實，有解聘及終身不得聘任為教師之必要。

　　教師有前項第一款至第三款規定情形之一者，免經教師評審委員會審議，並免報主管機關核准，予以解聘。

　　教師有第一項第四款至第六款規定情形之一者，免經教師評審委員會審議，由學校逕報主管機關核准後，予以解聘。

　　教師有第一項第七款或第十款規定情形之一者，應經教師評審委員會委員三分之二以上出席及出席委員二分之一以上之審議通過，並報主管機關核准後，予以解聘。

　　有第八款、第九款或第十一款規定情形之一者，應經教師評審委員會委員三分之二以上出席及出席委員三分之二以上之審議通過，並報主管機關核准後，予以解聘。

⇨ **上述第一款至第十一款不同款項行為之解聘程序對照表統整如下：**

1. 動員戡亂時期終止後，犯內亂、外患罪，經有罪判決確定。 2. 服公務，因貪汙行為經有罪判決確定。 3. 犯性侵害犯罪防治法第二條第一項所定之罪，經有罪判決確定。	免經教師評審委員會審議，並免報主管機關核准，予以解聘。

4. 經學校性別平等教育委員會或依法組成之相關委員會調查確認有性侵害行為屬實。 5. 經學校性別平等教育委員會或依法組成之相關委員會調查確認有性騷擾或性霸凌行為，有解聘及終身不得聘任為教師之必要。	免經教師評審委員會審議，由學校逕報主管機關核准後，予以解聘。
6. 受兒童及少年性剝削防制條例規定處罰，或受性騷擾防治法規定處罰，經學校性別平等教育委員會確認，有解聘及終身不得聘任為教師之必要。	
7. 經各級社政主管機關依兒童及少年福利與權益保障法規定處罰，並經教師評審委員會確認，有解聘及終身不得聘任為教師之必要。 10. 體罰或霸凌學生，造成其身心嚴重侵害。	應經教師評審委員會委員三分之二以上出席及出席委員二分之一以上之審議通過，並報主管機關核准後，予以解聘。
8. 知悉服務學校發生疑似校園性侵害事件，未依性別平等教育法規定通報，致再度發生校園性侵害事件；或偽造、變造、湮滅或隱匿他人所犯性侵害事件之證據，經學校或有關機關查證屬實。 9. 偽造、變造或湮滅他人所犯校園毒品危害事件之證據，經學校或有關機關查證屬實。 11. 行為違反相關法規，經學校或有關機關查證屬實，有解聘及終身不得聘任為教師之必要。	應經教師評審委員會委員三分之二以上出席及出席委員三分之二以上之審議通過，並報主管機關核准後，予以解聘。

第 15 條

1. 教師有下列各款情形之一者，應予「**解聘**」，且應議決「**一年至四年**」不得聘任為教師：

 (1) 經學校性別平等教育委員會或依法組成之相關委員會調查確認有性騷擾或性霸凌行為，有解聘之必要。

 (2) 受兒童及少年性剝削防制條例規定處罰，或受性騷擾防治法規定處罰，經學校性別平等教育委員會確認，有解聘之必要。

⇨ 行為經相關委員會調查確認，有解聘之必要者才可以。

(3) 體罰或霸凌學生，造成其身心侵害，有解聘之必要。

⇨ 若造成學生身心「嚴重侵害」，依教師法第十四條第十款處理。

(4) 經各級社政主管機關依兒童及少年福利與權益保障法規定處罰，並經學校教師評審委員會確認，有解聘之必要。

(5) 行為違反相關法規，經學校或有關機關查證屬實，有解聘之必要。

2. 教師有前項第一款或第二款規定情形之一者，應經教師評審委員會委員二分之一以上出席及出席委員二分之一以上之審議通過，並報主管機關核准後，予以解聘。

3. 教師有第一項第三款或第四款規定情形之一者，應經教師評審委員會委員三分之二以上出席及出席委員二分之一以上之審議通過，並報主管機關核准後，予以解聘；有第五款規定情形者，應經教師評審委員會委員三分之二以上出席及出席委員三分之二以上之審議通過，並報主管機關核准後，予以解聘。

教師法第十五條各款行為及對應解聘程序如下表：

款項行為	應予解聘，且應議決一年至四年不得聘任為教師。對應解聘程序
(1) 經學校性別平等教育委員會或依法組成之相關委員會調查確認有性騷擾或性霸凌行為，有解聘之必要。 (2) 受兒童及少年性剝削防制條例規定處罰，或受性騷擾防治法第二十條或第二十五條規定處罰，經學校性別平等教育委員會確認，有解聘之必要。	經教師評審委員會委員二分之一以上出席及出席委員二分之一以上之審議通過，並報主管機關核准後，予以解聘。

(3) 體罰或霸凌學生，造成其身心侵害，有解聘之必要。 (4) 經各級社政主管機關依兒童及少年福利與權益保障法第九十七條規定處罰，並經學校教師評審委員會確認，有解聘之必要。	應經教師評審委員會委員三分之二以上出席及出席委員二分之一以上之審議通過，並報主管機關核准後，予以解聘。
(5) 行為違反相關法規，經學校或有關機關查證屬實，有解聘之必要。	應經教師評審委員會委員三分之二以上出席及出席委員三分之二以上之審議通過，並報主管機關核准後，予以解聘。

第 16 條

1. 教師聘任後，有下列各款情形之一者，應經教師評審委員會審議通過，並報主管機關核准後，予以**「解聘或不續聘」**；其情節以資遣為宜者，應依第二十七條規定辦理：

   (1) 教學不力或不能勝任工作有具體事實。

   (2) 違反聘約情節重大。

2. 教師有前項各款規定情形之一者，應經教師評審委員會委員「三分之二以上」出席及出席委員「三分之二以上」之審議通過。但高級中等以下學校教師有前項第一款情形，學校向主管機關申請**「教師專業審查會」**調查屬實，應經教師評審委員會委員二分之一以上出席及出席委員二分之一以上之審議通過。

⇨ 相對法規為《高級中等以下學校教師專業審查會組成及運作辦法》，第二條：主管機關依本法第十七條第一項規定成立之教師專業審查會，「調查」、「輔導」、「審議」下列案件：學校申請案件：高級中等以下學校申請處理本法第十六條第一項第一款之案件（教學不力或不能勝任教職工作事件）。

第三條：專審會置委員十一人至十九人，「任期二年」，專審會

委員中全國或地方教師會推派之代表不得少於委員總數「二分之一」；教師會推派之代表之資格：曾任專任教師「六年以上」且有教學專業事蹟，如曾獲教學專業相關獎項或擔任國民教育輔導團輔導員。

第五條：1. 教師疑似有本法第十六條第一項第一款〔(1) 教學不力或不能勝任工作有具體事實〕情形，學校應於知悉後「五日內」召開高級中等以下學校教師解聘不續聘停聘或資遣辦法第四條第一項所定「校園事件處理會議」（以下簡稱校事會議），決議由學校自行調查或依本法第十七條第一項規定向主管機關申請「專審會」調查。

第 17 條

　　教師專業審查會置委員十一人至十九人，**「任期二年」**，由主管機關首長就行政機關代表、教育學者、法律專家、兒童及少年福利學者專家、全國或地方校長團體代表、全國或地方家長團體代表及全國或地方教師組織推派之代表遴聘（派）兼之；任一性別委員人數不得少於委員總數「三分之一」。

第 18 條

1. 教師行為違反相關法規，經學校或有關機關查證屬實，未達解聘之程度，而有**「停聘」**之必要者，得審酌案件情節，經教師評審委員會委員「三分之二以上」出席及出席委員「三分之二以上」之審議通過，議決停聘「六個月至三年」，並報主管機關核准後，予以**「終局停聘」**。
2. 前項停聘期間，不得申請退休、資遣或在學校任教。

第 27 條

1. 教師有下列各款情事之一者，應經教師評審委員會審議通過，並報主管機關核准後，得予以「**資遣**」：

   (1) 因課程調整或學校減班、停辦、解散時，現職已無工作又無其他適當工作可以調任。

   (2) 現職工作不適任且無其他工作可調任；或經中央衛生主管機關評鑑合格之醫院證明身體衰弱不能勝任工作。

   (3) 受監護宣告或輔助宣告，尚未撤銷。

2. 符合退休資格之教師有前項各款情形之一，經核准資遣者，得於資遣確定之日起「**一個月內**」依規定申請辦理退休，並以原核准資遣生效日為退休生效日。

⇨ 相關條例可參考《公立學校教職員退休資遣撫卹條例》。

第 31 條

1. 教師接受聘任後，依有關法令及學校章則之規定，享有下列「**權利**」：

   (1) 對學校教學及行政事項提供興革意見。

   (2) 享有待遇、福利、退休、撫卹、資遣、保險等權益及保障。

   (3) 參加在職進修、研究及學術交流活動。

   (4) 參加教師組織，並參與其他依法令規定所舉辦活動。

   (5) 對主管機關或學校有關其個人之措施，認為違法或不當致損害其權益者，得依法提出申訴。

   (6) 教師之教學及對學生之輔導依法令及學校章則享有專業自主。

   (7) 除法令另有規定者外，教師得拒絕參與主管機關或學校所指派與教學無關之工作或活動。

   (8) 教師依法執行職務涉訟時，其服務學校應輔助其延聘律師為其辯護

及提供法律上之協助。

(9) 其他依本法或其他法律應享有之權利。

⇨ 教師權利中未明訂教師有罷教權。

第 32 條

1. 教師除應遵守法令履行聘約外，並負有下列「義務」：
   (1) 遵守聘約規定，維護校譽。
   (2) 積極維護學生受教之權益。
   (3) 依有關法令及學校安排之課程，實施適性教學活動。
   (4) 輔導或管教學生，導引其適性發展，並培養其健全人格。
   (5) 從事與教學有關之研究、進修。
   (6) 嚴守職分，本於良知，發揚師道及專業精神。
   (7) 依有關法令參與學校學術、行政工作及社會教育活動。
   (8) 非依法律規定不得洩漏學生個人或其家庭資料。
   (9) 擔任導師。（中小學擔任班級導師之導師加給為 3000 元）
   (10) 其他依本法或其他法律規定應盡之義務。
2. 前項第四款及第九款之辦法，由各校「校務會議」定之。

⇨ 擔任行政職務，與擔任導護工作並未納入教師義務事項，但建議初任教師應勇於接受挑戰，除可精進自我知能外，也有行政加給費用。導護工作在於維護學生安全，是一種教育志業的展現。

第 39 條

1. 教師組織分為「三級」：在學校為學校教師會〔專任教師三十人以上〕；在直轄市及縣（市）為「地方教師會」；在中央為「全國教師會」

〔地方教師會與全國教師會二者皆為聯合團體，其會員以「**團體**」為限，三者都是職業團體〕。

2. 學校班級數少於二十班時，得跨區（鄉、鎮）合併成立學校教師會。

3. 各級教師組織之設立，應依「**人民團體法**」規定向該管主管機關申請辦理。

⇨ 《教師法施行細則》第二十二條：本法所稱學校教師會、地方教師會、全國教師會，其定義如下：一、學校教師會：指各級學校專任教師所組成之職業團體。二、地方教師會：指於直轄市、縣（市）區域內以學校教師會為會員所組成之職業團體。三、全國教師會：指由各地方教師會為會員所組成之職業團體。地方教師會及全國教師會均為「聯合團體」，其會員以「團體」為限。

第 42 條

1. 教師對學校或主管機關有關其個人之措施，認為違法或不當，致損害其權益者，得向各級教師申訴評議委員會提起「**申訴**」、「**再申訴**」。高級中等以下學校分「**直轄市、縣（市）**」及「**中央**」二級。

第 43 條

1. 教師申訴評議委員會委員，由教師、社會公正人士、學者專家、該地區教師組織代表，及組成教師申訴評議委員會之主管機關或學校代表擔任之；其中未兼行政職務之教師人數不得少於委員總數「**三分之二**」。

《教師法施行細則》

第 2 條

　　本法所稱「**初聘**」，指合格教師接受學校「**第一次聘約**」或離職後重新接受學校聘約者。

第 3 條

　　本法所稱「**續聘**」，指合格教師經學校初聘後，在「**同一學校**」繼續接受聘約者。

第 7 條

1. 本法所稱「**解聘**」，指教師在聘約存續期間，經服務學校依規定程序「**終止聘約**」。

2. 本法所稱「**不續聘**」，指教師經服務學校依規定程序，於聘約期限屆滿時「**不予續聘**」。

⇨ 「解聘」、「不續聘」的差異很大，「解聘」是還在聘約存續期間內（聘約期限未到），學校依規定停止與教師間的聘約關係，「不續聘」是聘約期限已滿，不被學校加以繼續聘任。

3. 本法所稱「**終局停聘**」、當然暫時予以停聘、暫時予以停聘，其停聘指教師在聘約存續期間，經服務學校依規定程序，「**停止聘約之執行**」。

第 8 條

1. 本法所稱「**體罰**」，指教師於教育過程中，基於處罰之目的，親自、責令學生自己或責令第三者對學生身體施加強制力，或責令學生採取特定身體動作，使學生身體客觀上受到痛苦或身心受到侵害之行為。

2. 本法所稱霸凌，指「**校園霸凌防制準則規定**」之霸凌。

第 9 條

　　「**教師評審委員會**」審議解聘、不續聘、停聘、資遣案件時，應分別適用或準用「**行政程序法**」有關陳述意見及申請閱覽、抄寫、複印或攝影有關資料或卷宗之相關規定。

第 14 條

1. 本法第十八條第二項所稱不得在學校任教，指「**不得在任何學校**」從事兼任、代理、代課及其他教學或輔導工作。

2. 受「**終局停聘**」之教師於停聘期間辭職者，於該停聘「**六個月至三年**」期間，仍不得在學校任教，並應受本法第十九條第二項規定之限制。

⇨ 教師法第十九條：有下列各款情形之一者，不得聘任為教師；已聘任者，應予以解聘：一、有第十四條第一項各款情形之一（有十一種款項行為）。二、有第十五條第一項各款情形之一（有五種款項行為），於該議決一年至四年期間。

《教師申訴評議委員會組織及評議準則》

第 2 條

　　教師申訴之主管機關，在中央為「**教育部**」；在直轄市為「**直轄市政府**」；在縣（市）為「**縣（市）政府**」。

第 3 條

1. 教師對學校或主管機關有關其個人之措施，認為違法或不當，致損害其權益者，得提起「**申訴**」、「**再申訴**」。

2. 教師因學校或主管機關對其依法申請之案件，於法定期間內應作為而不作為，認為損害其權益者，亦得提起申訴、再申訴；法令未規定應作為之期間者，其期間自學校或主管機關受理申請之日起為「**二個月**」。

第 5 條

1. 各級主管機關申評會置委員十五人至二十一人，均為無給職，任期「**二年**」，由機關首長遴聘教師、社會公正人士、學者專家、該地區教師組織代表及組成申評會之主管機關代表擔任，其中未兼行政職務之教師人數不得少於委員總數「**三分之二**」；任一性別委員人數不得少於委員總數「**三分之一**」。

⇨ 甲縣市政府依規定設置教師申訴評議委員會（申評會），委員共有十八人，未兼行政職務的教師人數至少十二人（總委員數的三分之二以上 $=18×2/3=12$），單一性別委員人數至少六位（總委員數的三分之一以上 $=18×1/3=6$）。

第 6 條

1. 各級主管機關申評會委員會議，由機關首長或其指定之人員召集之。
2. 前項委員會議經委員總數「二分之一以上」之書面請求，召集人應於「二十日內」召集之。

第 7 條

1. 各級主管機關申評會主席由「委員互選」之，並主持會議，「任期一年」，連選得連任。
3. 申評會主席，「不得」由該級主管機關首長擔任。

第 31 條

1. 申評會委員應親自出席委員會議，經委員總數「二分之一」以上出席，始得開議；評議決定應經出席委員「三分之二」以上之同意行之；其他事項之決議，以出席委員「過半數」之同意行之。

第 37 條

　　評議決定有下列各款情事之一者，即為確定：
1. 依規定得提起再申訴，而申訴人、原措施之學校或主管機關於評議書送達之次日起「三十日內」未提起再申訴。

《校園霸凌防制準則》

第 1 條

本準則依「**教育基本法**」規定訂定之。

第 2 條

本準則所稱主管機關：在中央為「**教育部**」；在直轄市為「**直轄市政府**」；在縣（市）為「**縣（市）政府**」。

第 3 條

本準則用詞，定義如下：

(1) 學生：指各級學校具有學籍、學制轉銜期間未具學籍者、接受進修推廣教育者、交換學生、教育實習學生或研修生。

(2) 教師：指專任教師、兼任教師、代理教師、代課教師、教官、運用於協助教學之志願服務人員、實際執行教學之教育實習人員及其他執行教學或研究之人員。

(3) 職員、工友：指前款教師以外，固定、定期執行學校事務，或運用於協助學校事務之志願服務人員。

(4) 霸凌：指「**個人或集體**」「**持續**」以言語、文字、圖畫、符號、肢體動作、電子通訊、網際網路或其他方式，「**直接或間接**」對他人「**故意**」為貶抑、排擠、欺負、騷擾或戲弄等行為，使他人處於具有敵意或不友善環境，產生「**精神上**」、「**生理上**」或「**財產上**」之損害，或影響正常學習活動之進行。

⇨ 霸凌意涵的界定，同學間一時的爭執、打架行為沒有持續或故意意圖，不能界定為霸凌行為。

(5) 校園霸凌：指「相同」或「不同學校」校長及教師、職員、工友、學生（簡稱教職員工生）對「學生」，於「校園內、外」所發生之霸凌行為。

⇨ 校園霸凌意涵界定範疇的受害者為「學校學生」，發生場所包含校園內、外情境。

第 10 條

1. 學校應組成「防制校園霸凌因應小組」，以「校長」或「副校長」為召集人，其成員應包括教師代表、學務人員、輔導人員、家長代表、學者專家，負責處理校園霸凌事件之「防制」、「調查」、「確認」、「輔導」及其他相關事項；高級中等以上學校之小組成員，並應有「學生代表」。

⇨ 「防制校園霸凌因應小組」主要負責處理校園霸凌事件之「防制」、「調查」、「確認」與「輔導」。

第 12 條

1. 校長及教職員工知有疑似校園霸凌事件時，均應立即按學校校園霸凌防制規定所定權責向權責人員通報，並由學校權責人員向學校主管機關通報，至遲不得超過「二十四小時」，並應視事件情節，另依《兒童及少年福利與權益保障法》等相關規定，向直轄市、縣（市）「社政主管」機關進行通報。

⇨ 《兒童及少年福利與權益保障法》第二條：本法所稱兒童及少年，指未滿十八歲之人；所稱兒童，指「未滿十二歲」之人；所稱少年，指「十二歲以上未滿十八歲」之人。

第 17 條

1. 調查學校於接獲申請調查或檢舉時，應於「二十日內」以書面通知申請人或檢舉人是否受理。

第 19 條

　調查學校接獲申請調查或檢舉後，應於「三個工作日」內召開防制校園霸凌因應小組會議，開始調查處理程序。

第 20 條

1. 為保障校園霸凌事件當事人之「學習權」、「受教育權」、「身體自主權」、「人格發展權」及其他權利，必要時，學校得為下列處置，並報主管機關備查：

    (1) 彈性處理當事人之出缺勤紀錄或成績評量，並積極協助其課業、教學或工作，「得不受」請假、學生成績評量或其他相關規定之限制。

    (2) 尊重被霸凌人之意願，減低當事人雙方互動之機會；情節嚴重者，得施予「抽離或個別」教學、輔導。

    (3) 避免行為人及其他關係人之報復情事。

    (4) 預防、減低或杜絕行為人再犯。

    (5) 其他必要之處置。

⇨ 校園霸凌事件中對當事人具體的輔導或教育策略。

《少年事件處理法》

第 1 條

　　為保障少年健全之自我成長，調整其成長環境，並矯治其性格，特制定本法。

第 1-1 條

　　少年保護事件及少年刑事案件之處理，依本法之規定；本法未規定者，適用其他法律。

第 2 條

　　本法稱少年者，謂「十二歲以上十八歲未滿」之人。

第 3 條

　　下列事件，由少年法院依本法處理之：

1. 少年有觸犯刑罰法律之行為者。
2. 少年有下列情形之一，而認有保障其健全自我成長之必要者：
   (1) 無正當理由經常攜帶危險器械。
   (2) 有施用毒品或迷幻物品之行為而尚未觸犯刑罰法律。
   (3) 有預備犯罪或犯罪未遂而為法所不罰之行為。

第 29 條

1. 少年法院依「**少年調查官**」調查之結果，認為情節輕微，得為不付審理之裁定，並為下列處分：

   (1) 告誡。

   (2) 交付少年之法定代理人或現在保護少年之人嚴加管教。

   (3) 轉介福利、教養機構、醫療機構、執行過渡性教育措施或其他適當措施之處所為適當之輔導。

2. 前項處分，均交由「**少年調查官**」執行之。

3. 少年法院為第一項裁定前，得斟酌情形，經少年、少年之法定代理人及被害人之同意，轉介適當機關、機構、團體或個人進行修復，或使少年為下列各款事項：

   (1) 向被害人道歉。

   (2) 立悔過書。

   (3) 對被害人之損害負賠償責任。

4. 前項第三款之事項，少年之「**法定代理人應負連帶賠償**」之責任，並得為「**民事**」強制執行之名義。

《性別平等教育法》

第 1 條

1. 為促進性別地位之《實質平等》，消除性別歧視，維護人格尊嚴，厚植並建立性別平等之教育資源與環境，特制定本法。

⇨ 《性別平等教育法》立法的教育目的，在促進性別地位的實質平等而非形式平等。

第 2 條

本法用詞定義如下：

1. 性別平等教育：指以教育方式教導尊重多元性別差異，消除性別歧視，促進性別地位之實質平等。

⇨ 界定性別平等教育的意涵。

2. 學校：指公私立各級學校。

3. 性侵害：指性侵害犯罪防治法所稱性侵害犯罪之行為。

4. 性騷擾：指符合下列情形之一，且未達性侵害之程度者：

   (1) 以明示或「暗示」之方式，從事不受歡迎且具有性意味或性別歧視之言詞或行為，致影響他人之人格尊嚴、學習、或工作之機會或表現者。

   (2) 以性或性別有關之行為，作為自己或他人獲得、喪失或減損其學習或工作有關權益之條件者。

5. 性霸凌：指透過語言、肢體或其他暴力，對於他人之性別特徵、性別特質、性傾向或性別認同進行「貶抑、攻擊或威脅」之行為且「非屬

性騷擾者」。

6. 「**性別認同**」：指個人對自我歸屬性別的自我認知與接受。

7. 校園性侵害、性騷擾或性霸凌事件：指性侵害、性騷擾或性霸凌事件之一方為學校校長、教師、職員、工友或學生，他方為「**學生者**」。

⇨ 校園性侵害、校園性騷擾或校園性霸凌事件之受害者的界定為「**學校學生**」。

第 4 條

中央主管機關應設「**性別平等教育委員會**」。

第 5 條

直轄市、縣（市）主管機關應設「**性別平等教育委員會**」。

第 6 條

學校應設「**性別平等教育委員會**」，其「**任務**」如下：

1. 統整學校各單位相關資源，擬訂性別平等教育實施計畫，落實並檢視其實施成果。

2. 規劃或辦理學生、教職員工及家長性別平等教育相關活動。

3. 研發並推廣性別平等教育之課程、教學及評量。

4. 研擬性別平等教育實施與校園性侵害及性騷擾之防治規定，建立機制，並協調及整合相關資源。

5. 調查及處理與本法有關之案件。

6. 規劃及建立性別平等之安全校園空間。

第 9 條

1. 學校之性別平等教育委員會，置委員五人至二十一人，採「任期制」，以「校長」為主任委員，其中女性委員應占委員總數「二分之一以上」，並得聘具「性別平等意識」之教師代表、職工代表、家長代表、學生代表及性別平等教育相關領域之專家學者為委員。

2. 前項性別平等教育委員會「每學期應至少開會一次」，並應由專人處理有關業務。

⇨ 啟明國民中學依法設置學校性別平等教育委員會，委員人數有十六人，其中女性委員應占多少位以上才符合法規？八人以上（女性委員應占委員總數的二分之一以上）。

第 13 條

　　學校之招生及就學許可不得有性別、性別特質、性別認同或性傾向之差別待遇。但基於歷史傳統、特定教育目標或其他非因性別因素之正當理由，經該管主管機關核准而設置之學校、班級、課程者，不在此限。

第 16 條

1. 學校之「考績委員會」、「申訴評議委員會」、「教師評審委員會」及中央與直轄市、縣（市）主管機關之「教師申訴評議委員會」之組成，任一性別委員應占委員總數「三分之一」以上。但學校之考績委員會及教師評審委員會因該校任一性別教師人數少於委員總數三分之一者，不在此限。

第 17 條

1. 學校之課程設置及活動設計，應鼓勵學生發揮潛能，不得因性別而有差別待遇。
2. 國民中小學除應將**「性別平等教育融入課程」**外，每學期應實施性別平等教育相關課程或活動至少**「四小時」**。
3. 高級中等學校及專科學校五年制**「前三年」**應將性別平等教育融入課程。

第 19 條

1. 教師使用教材及從事教育活動時，應具備**「性別平等意識」**、**「破除性別刻板印象」**、**「避免性別偏見」**及**「性別歧視」**。
2. 教師應鼓勵學生修習**「非傳統性別」**之學科領域。

第 21 條

1. 學校校長、教師、職員或工友知悉服務學校發生疑似校園性侵害、性騷擾或性霸凌事件者，除應立即依學校防治規定所定權責，依性侵害犯罪防治法、兒童及少年福利與權益保障法、身心障礙者權益保障法及其他相關法律規定通報外，並應向學校及當地直轄市、縣（市）主管機關通報，至遲不得超過**「二十四小時」**。
3. 學校或主管機關處理校園性侵害、性騷擾或性霸凌事件，應將該事件交由所設之性別平等教育委員會調查處理，任何人**「不得另設調查機制」**，違反者其調查無效。

第 25 條

1. 校園性侵害、性騷擾或性霸凌事件經學校或主管機關調查屬實後，應依相關法律或法規規定自行或將行為人移送其他權責機關，予以申誡、記過、解聘、停聘、不續聘、免職、終止契約關係、終止運用關係或其他適當之懲處。

2. 學校、主管機關或其他權責機關為性騷擾或性霸凌事件之懲處時，應命行為人接受心理輔導之處置，並得命其為下列一款或數款之處置：

   (1) 經被害人或其法定代理人之同意，向**「被害人道歉」**。

   (2) 接受**「八小時」**之性別平等教育相關課程。

   (3) 其他符合**「教育目的」**之措施。

第 29 條

1. 學校或主管機關於接獲調查申請或檢舉時，應於**「二十日內」**以書面通知申請人或檢舉人是否受理。

第 31 條

1. 學校或主管機關性別平等教育委員會應於受理申請或檢舉後**「二個月內」**完成調查。必要時，得延長之，延長以**「二次」**為限，每次不得逾**「一個月」**，並應通知申請人、檢舉人及行為人。

⇨ 最慢四個月內必須完成事件調查（二個月＋一個月＋一個月＝四個月），將調查結果通知申請人、檢舉人及行為人。

3. 學校或主管機關應於接獲前項調查報告後**「二個月內」**，自行或移送相關權責機關依本法或相關法律或法規規定議處，並將處理之結果，以書面載明事實及理由通知申請人、檢舉人及行為人。

《性別平等教育法施行細則》

第 2 條

1. 本法第一條第一項及第二條第一款所稱性別地位之**「實質平等」**，指**「任何人不因其生理性別、性傾向、性別特質或性別認同等不同，而受到差別之待遇。」**

⇨ 《性別平等教育法》中所稱的性別地位之實質平等意涵。

2. 本法第二條第四款所定性騷擾之認定，應就個案審酌事件發生之背景、工作環境、當事人之關係、行為人之言詞、行為及相對人之認知等具體事實為之。

第 3 條

性別平等教育委員會研擬實施計畫時，其內容應包括下列事項：

1. **「目標」**：評估前一年實施成效，擬定年度主題並確定未來發展方向。
2. **「策略」**：內部各單位計畫或事務之統整，與相關機關（構）之合作聯繫及資源整合。
3. **「項目」**：明列年度具體工作項目。
4. **「資源」**：研擬經費及人力需求。

第 5 條

本法第四條第四款、第五條第四款及第六條第三款所定課程、教學、評量之研究發展，其內容包括下列事項：

2. 教學部分：

(1) 創新及開發性別平等教育相關之教學法。

(2) 提升教師運用性別平等教育相關教學法之能力。

3. 評量部分：

(3) 性別平等之「認知」、「情意」及「實踐」。

(4) 觀察、實作、表演、口試、筆試、作業、學習歷程檔案、研究報告等「多元適性」評量方式。

第 13 條

　　本法第十七條第二項所定性別平等教育相關課程，應涵蓋情感教育、性教育、認識及尊重不同性別、性別特徵、性別特質、性別認同、性傾向教育，及性侵害、性騷擾、性霸凌防治教育等課程，以提升學生之「**性別平等意識**」。

第 15 條

　　教師為執行本法第十九條第二項鼓勵學生修習「**非傳統性別**」之學科領域，應於輔導學生修習課程、選擇科系或探索生涯發展時，鼓勵學生適性多元發展，避免將「**特定學科性別化**」。

⇨ 教育歷程中，不能教育學生某學科較適合單一性別學生修讀，或未來職場某個工作只適合特定性別族群去做。

《學校訂定教師輔導與管教學生辦法注意事項》

一、規範目的

　　教育部為協助學校依教師法規定，訂定教師輔導與管教學生辦法，並落實「教育基本法」規定，積極維護學生之「學習權」、「受教育權」、「身體自主權」及「人格發展權」，且維護校園安全與教學秩序，特訂定本注意事項。

二、學校訂定之程序

　　學校訂定教師輔導與管教學生辦法，宜依循民主參與之程序，經有合理比例之學生代表、教師代表、家長代表及行政人員代表參與之會議討論後，將草案內容以適當之方法公告，廣泛聽取各方建議，必要時並得舉辦公聽會或說明會。

　　前項學生代表人數於高級中等以上學校，宜占全體會議人數之「五分之一」以上；於國民中小學，宜占全體會議人數之「十分之一」以上。

四、定義

　　本注意事項所列名詞定義如下：

(一) 教師：指教師法第三條所稱於公立及已立案之私立學校編制內，按月支給待遇，並依法取得教師資格之專任教師。

(二) 管教：指教師基於第十點之目的，對學生須強化或導正之行為，所實施之各種有利或不利之集體或個別處置。

(三) 處罰：指教師於教育過程中，為減少學生不當或違規行為，對學生所

實施之各種不利處置，包括合法妥當以及違法或不當之處置；**「違法之處罰」**包括體罰、誹謗、公然侮辱、恐嚇及身心虐待等。

⇨ 課堂中負增強的運用在於強化個體反應行為，其程序並不是處罰。

(四) 體罰：指教師於教育過程中，基於處罰之目的，親自、責令學生自己或第三者對學生身體施加強制力，或責令學生採取特定身體動作，使學生身體客觀上受到痛苦或身心受到侵害之行為。

⇨ 教育目標為零體罰、零霸凌政策，其目的在建構友善的學習環境。

十、輔導與管教學生之目的

教師輔導與管教學生之目的，包括：

(一) 增進學生良好行為及習慣，減少學生不良行為及習慣，以促進學生身心發展及身體自主，激發個人潛能，培養健全人格並導引適性發展。

(二) 培養學生自尊尊人、自治自律之處世態度。

(三) 維護校園安全，避免學生受到霸凌及其他危害。

(四) 維護教學秩序，確保班級教學及學校教育活動之正常進行。

十一、「平等」原則

教師輔導與管教學生，非有正當理由，不得為差別待遇。

十二、「比例」原則

教師採行之輔導與管教措施，應與學生違規行為之情節輕重相當，並依下列原則為之：

(一) 採取之措施應有助於目的之達成。

(二) 有多種同樣能達成目的之措施時，應選擇對學生權益損害較少者。

(三) 採取之措施所造成之損害不得與欲達成目的之利益顯失均衡。

二十、應輔導與管教之違法或不當行為

學生有下列行為之一者，學校及教師應施以適當輔導或管教：

(一) 違反法律、法規命令或地方自治規章。

(二) 違反依合法程序制定之校規。

(三) 危害校園安全。

(四) 妨害班級教學及學校教育活動之正常進行。

⇨ 輔導或管教範疇沒有包括學生考試成績退步或考試成績不佳，學生形成性評量或總結性評量結果不理想，教師要加以鼓勵，與學生共同找出原因，而非處罰責罵學生。

二十一、訂定校規、班規之限制

(一) 校規應經「校務會議」通過。

(二) 校規、班規、班會或其他班級會議所為決議，不得訂定對學生科處「罰款」或其他「侵害財產權」之規定。

(三) 除為防止危害學生安全或防止疾病傳染所必要者外，學校「不得限制」學生髮式，或據以處罰，以維護學生身體自主權及人格發展權，並教導及鼓勵學生學習自主管理。

(四) 班規、班會或其他班級會議所為決議，與法令或校規牴觸者無效。

二十二、教師之一般管教措施

　　教師基於導引學生發展之考量，衡酌學生身心狀況後，得採取下列一般管教措施：

(一) 適當之正向管教措施。

(二) 口頭糾正。

(三) 在教室內適當調整座位。

(四) 要求口頭道歉或書面自省〔沒有強迫字詞〕。

(五) 列入日常生活表現紀錄。

(六) 通知監護權人，協請處理。

(七) 要求完成未完成之作業或工作。

(八) 適當增加作業或工作。

(九) 要求課餘從事可達成管教目的之措施（如學生破壞環境清潔，要求其打掃環境）。

(十) 限制參加正式課程以外之學校活動。

(十一) 經監護權人同意後，留置學生於課後輔導或參加輔導課程。

(十二) 要求靜坐反省。

(十三) 要求站立反省。但每次不得超過「一堂課」，每日累計不得超過「兩小時」。

⇨ 站立反省不能一次兩小時，是每日累計不得超過兩小時，單次站立反省時間不能超過一節課。

(十四) 在教學場所一隅，暫時讓學生與其他同學保持適當距離，並以「兩堂課」為限。

⇨ 包含非隱蔽式隔離法與隱蔽式隔離法。

(十五) 經其他教師同意，於行為當日，暫時轉送其他班級學習。

(十六) 依該校學生獎懲規定及法定程序，予以書面懲處。

教師得視情況，於學生下課時間實施前項管教措施，並應給予學生合理之休息時間。學生反映經教師判斷，或教師主動發現，有下列各款情形之一者，應調整管教方式或停止管教：

(一) 學生身體確有不適。

(二) 學生確有上廁所或生理日等生理需求。

⇨ 受罰學生若有生理需求（如上廁所）或口渴想飲水，教師絕對不能禁止。

二十三、教師之強制措施

學生有下列行為，非立即對學生身體施加強制力，不能制止、排除或預防危害者，教師得採取**「必要之強制措施」**：

(一) 攻擊教師或他人，毀損公物或他人物品，或有攻擊、毀損行為之虞時。

(二) 自殺、自傷，或有自殺、自傷之虞時。

(三) 有其他現行危害校園安全或個人生命、身體、自由或財產之行為或事實狀況。

⇨ 上述三種情況下，教師必須立即採取必要的強制措施加以阻止，以免危害同學或當事人的安全。

二十六、學生獎懲委員會之特殊管教措施

學生交由監護權人帶回管教，每次以「五日」為限，並應於事前進行家訪，或與監護權人面談，以評估其效果。交由監護權人帶回管教期間，學校應與學生保持聯繫，繼續予以適當之輔導；必要時，學校得終止交由

監護權人帶回管教之處置；交由監護權人帶回管教結束後，得視需要予以補課。

二十七、高關懷課程之實施

為有效協助校園之中輟及高關懷群個案，學校應視需要，開設高關懷課程。

學校得設高關懷課程執行小組，由「**校長**」擔任召集人，業務承辦處室主任擔任執行祕書，小組成員得包括學校各處室主任、相關業務組長、家長會代表、導師等。執行小組應定期開會，「**每學期應召開二次**」以上會議。

高關懷課程編班以「**抽離式**」為原則，依學生問題類型之不同，以彈性分組教學模式規劃安排課程（如學習適應課程、生活輔導課程、體能或服務性課程、生涯輔導課程等），每週課程以「**五日**」為限，每日以七節以下為原則。

⇨ 高關懷課程內容主要為「學習適應課程」、「生活輔導課程」、「體能或服務性課程」與「生涯輔導課程」等，而非強調領域／學科教材之知識性學習課程。

二十八、搜查學生身體及私人物品之限制

為維護學生之「**身體自主權**」與「**人格發展權**」，除法律有明文規定，或有相當理由及證據足以認為特定學生涉嫌犯罪或攜帶第三十點第一項及第二項各款所列之「**違禁物品**」，或為了避免緊急危害者外，學校不得搜查學生身體及其隨身攜帶之私人物品（如書包、手提包等）。學校進行前項搜查時，應「**全程錄影**」。

⇨ 三十點第一項指的是學生攜帶或使用《槍砲彈藥刀械管制條例》所稱之槍砲、彈藥、刀械，第二項為《毒品危害防制條例》所稱之毒品、麻醉藥品及相關之施用器材。

二十九、校園安全檢查之限制

為維護校園安全，學校得訂定相關規定，由**「學務處」**依規定進行安全檢查：

(一) 各級學校得依學生宿舍管理規定，進行學生宿舍之定期或不定期檢查；高級中等學校進行檢查時，應有**「二位以上之住宿學生代表或學生家長會」**代表陪同；國民中小學進行檢查時，則應有**「二位以上之學生家長會」**代表陪同。

(二) 高級中等學校之學務處對特定學生涉嫌犯罪或攜帶第三十點第一項及第二項各款所列違禁物品，有合理懷疑，而有進行安全檢查之必要時，在二位以上之學生家長會代表、學生會幹部或教師陪同下，得在校園內檢查學生私人物品（如書包、手提包等）或專屬學生私人管領之空間（如抽屜或上鎖之置物櫃等）；國民中小學進行前段之檢查時，應有**「二位以上之學生家長會代表或教師」**陪同。進行本款之安全檢查時，被檢查之學生本人得在場。

學務處進行前項各款之安全檢查時，應全程錄影。前項之錄影資料，學校應保存**「至少三年」**；有相關之申訴、再申訴、行政爭訟及其他法律救濟程序進行時，學校應保存至該等救濟程序確定後**「至少六個月」**。

⇨ 學務處搜查過程的錄影資料，學校要保存三年，若是國民小學及國民中學學生的學籍資料要永久保存（以書面或電子方式）。

三十、違法物品之處理

　　教師發現學生攜帶或使用下列違法物品時，應儘速通知學校，由學校立即通知「**警察機關**」處理。但情況急迫時，得視情況採取適當或必要之處置：

(一) 槍砲彈藥刀械管制條例所稱之槍砲、彈藥、刀械。

(二) 毒品危害防制條例所稱之毒品、麻醉藥品及相關之施用器材。

　　教師發現學生攜帶或使用下列違禁物品時，應自行或交由學校予以「**暫時保管**」，並視其情節通知監護權人領回。但教師認為下列物品，有依相關法律規定「**沒收**」或「**沒入**」之必要者，應移送相關權責單位處理：

(一) 化學製劑或其他危險物品。

(二) 猥褻或暴力之書刊、圖片、影片或其他物品

(三) 菸、酒、檳榔或其他有礙學生健康之物品。

(四) 其他法令規定之違禁物品。

　　教師或學校發現學生攜帶前二項各款〔指 (一)、(二) 兩項〕以外之物品，足以妨害學習或教學者，得予「**暫時保管**」，於無妨害學習或教學之虞時，返還學生或通知監護權人領回。

⇨ 暫時保管要歸還學生，沒收或沒入不用歸還學生。

　　教師或學校為暫時保管時，應負妥善管理之責，不得損壞。但監護權人接到學校通知後，未於通知書所定期限內領回者，學校不負保管責任，並得移由警察機關或其他相關機關處理。

⇨ 教師在課堂上暫時保管的物品要妥慎放置好，不得損壞外，也不能遺失。

《教育部國民及學前教育署補助推動實驗教育要點》

「實驗教育三法」

　　為鼓勵教育創新與實驗，保障學生學習權及家長教育選擇權，教育部根據《教育基本法》制定《學校型態實驗教育實施條例》、《高級中等以下教育階段非學校型態實驗教育實施條例》及《公立高級中等以下學校委託私人辦理實驗教育條例》，以落實教育基本法鼓勵政府及民間辦理教育實驗之精神。《教育部國民及學前教育署補助推動實驗教育要點》中的第一條：

一、教育部國民及學前教育署為促進各級政府發展實驗教育，並協助辦理下列實驗教育之學校或機構，特訂定本要點：

(一) 學校（併稱實驗學校）

1. 依學校型態實驗教育實施條例辦理公、私立高級中等以下學校型態實驗教育。

2. 依公立高級中等以下學校委託私人辦理實驗教育條例委託私人辦理公立學校且實施實驗教育者。

(二) 依高級中等以下教育階段非學校型態實驗教育實施條例辦理機構實驗教育之實驗教育機構

　　公立高級中等以下學校委託私人辦理實驗教育條例施行前，已依地方自治條例委託私人辦理之公立實驗學校，視同前項第一款規定學校。

《學校型態實驗教育實施條例》

第 1 條

　　為鼓勵教育創新，實施學校型態實驗教育，以保障人民學習及受教育權利，增加人民選擇教育方式與內容之機會，促進教育多元化發展，落實「**教育基本法**」規定。

⇨ 公私立學校進行學校實驗教育學校法源。

第 2 條

1. 本條例所稱主管機關，在中央為教育部；在直轄市為「**直轄市政府**」；在縣（市）為「**縣（市）政府**」。
2. 私立實驗教育學校，依其最高教育階段之法規，定其主管機關。

第 3 條

1. 本條例所稱學校型態實驗教育，指依據特定教育理念，以「**學校**」為範圍，從事「**教育理念**」之實踐，並就學校制度、行政運作、組織型態、設備設施、校長資格與產生方式、教職員工之資格與進用方式、課程教學、學生入學、學習成就評量、學生事務及輔導、社區及家長參與等事項，進行「**整合性實驗**」之教育。
2. 前項特定教育理念之實踐，應以「**學生**」為中心，尊重學生之多元文化、信仰及多元智能，課程、教學、教材、教法或評量之規劃，並以引導學生適性學習及促進多元教育發展為目標。

第 5 條

1. 學校型態實驗教育之審議、監督及政策與資源協調等相關事項，應由各該主管機關定期召開「**學校型態實驗教育審議會**」辦理。

2. 前項實驗教育審議會置委員九人至二十五人，由各該主管機關就熟悉實驗教育之下列人員聘（派）兼之，其中第四款至第六款之委員人數合計不得少於委員總人數「**五分之二**」；任一性別委員人數不得少於委員總人數「**三分之一**」：

   (1) 教育行政機關代表。

   (2) 具有會計、財務金融、法律或教育專業之專家、學者。

   (3) 校長及教師組織代表。

   (4) 具有實驗教育經驗之校長或教學人員。

   (5) 實驗教育家長代表、本人或子女曾接受實驗教育者。

   (6) 實驗教育相關團體代表。

⇨ 其中第四款至第六款之委員人數合計不得少於委員總人數「五分之二」，為 (4)+(5)+(6) 的委員加總人數。假定學校型態實驗教育審議會委員有二十人，(4)+(5)+(6) 款的代表人數至少要有八人以上（五分之二以上）。

3. 前項委員任期「**二年**」，其續聘以「**二次**」為限；每次聘任之委員中續聘之委員不得超過委員總數之「**三分之二**」。任期內出缺時，得補行聘（派）兼，其任期至原任期屆滿之日為止。

4. 實驗教育審議會審議學校型態實驗教育計畫涉及原住民族實驗教育者，應增聘具原住民身分之委員一人至二人；其委員人數及任期，「**不受**」前二項規定之限制。

5. 實驗教育審議會主席，由委員互推產生。

6. 實驗教育審議會委員，均為「**無給職**」。

第 9 條

1. 第七條第二項第九款之實驗規範，應就第三條第一項所定事項擬訂，於該規範之範圍內，得「不適用」教育人員任用條例、教師法、國民教育法、高級中等教育法、專科學校法、大學法、私立學校法、技術及職業教育法、特殊教育法、學位授予法、師資培育法、學生輔導法、國民體育法及其相關法規之部分規定，並應載明其不適用之相關規定。

⇨ 學校於實驗規範之範圍內，不受現行相關法規限制，較有彈性。

第 23 條

1. 公立學校經「校務會議」通過後得提出申請，或由各該主管機關指定所屬高級中等以下公立學校，以「學校」為範圍，依據特定教育理念，就行政運作、組織型態、設備設施、課程教學、學生入學、學習成就評量、學生事務及輔導等事項，辦理學校型態實驗教育。

2. 原住民重點學校以外之公立學校辦理學校型態實驗教育，其學校總數，不得逾主管機關所屬同一教育階段總校數「百分之五」，不足一校者，以一校採計。

3. 前項學校總數，不得逾全國同一教育階段總校數「百分之十」。

5. 公立學校辦理學校型態實驗教育，其校長之遴選、聘任程序，由各該主管機關依實際需要另定之；校長辦學績效卓著，其校務發展計畫經實驗教育審議會通過，並經各該主管機關校長遴選委員會同意者，「得不受連任一次」之限制。

《高級中等以下教育階段非學校型態實驗教育實施條例》

第 1 條

　　為保障學生**「學習權」**及家長**「教育選擇權」**，提供學校型態以外之其他教育方式及內容，落實教育基本法規定，特制定本條例。

⇨ 在家自行教育的法源。

第 3 條

1. 所稱非學校型態實驗教育，指學校教育以外，**「非以營利為目的」**，採用實驗課程，以培養**「德、智、體、群、美」**五育均衡發展之健全國民為目的所辦理之教育。

2. 具有國民小學、國民中學或高級中等學校入學資格者，得依本條例規定參與各該教育階段實驗教育；參與實驗教育者，視同各教育階段學校之學生。

3. 依本條例規定參與國民教育階段實驗教育之學生，視同接受同一教育階段之學校教育，**「不受強迫入學條例」**之規範。

第 4 條

1. 實驗教育應依下列方式辦理：
   (1) 個人實驗教育：指為學生個人，在家庭或其他場所實施之實驗教育。
   (2) 團體實驗教育：指為**「三人以上」**學生，於**「共同時間及場所」**實施之實驗教育。

(3) 機構實驗教育：指由學校財團法人以外之非營利法人設立之機構，以「**實驗課程**」爲主要目的，在「**固定場所**」實施之實驗教育。

2. 前項第二款團體實驗教育學生總人數，以「三十人」爲限。

⇨ 團體實驗教育的學生人數爲三人以上，最多三十人，上課地點必須爲固定場所。

3. 第一項第三款機構實驗教育，每班學生人數不得超過「二十五人」，國民教育階段學生總人數不得超過「二百五十人」，高級中等教育階段學生總人數不得超過「一百二十五人」，且生師比不得高於「十比一」，並「**不得以**」學生之「**認知測驗**」結果或學校「**成績評量**」紀錄作爲入學標準。

第 6 條

5. 實驗教育計畫期程，應配合學校學期時間；國民小學教育階段最長爲「六年」，國民中學教育階段最長爲「三年」，高級中等教育階段最長爲「三年」。

6. 前項高級中等教育階段實驗教育計畫期程，必要時得申請延長，以「一次爲限」，其期間最長爲「二年」。但學生因身心障礙、懷孕、分娩或撫育三歲以下子女而申請延長者，其期間最長爲「**四年**」。

第 8 條

1. 實驗教育之理念，應以「**學生**」爲中心，尊重學生之多元文化、信仰及多元智能，課程、教學、教材、教法或評量之規劃，應以引導學生適性學習爲目標。

6. 實驗教育之課程與教學、學習領域及教材教法，應依直轄市、縣（市）

　　主管機關許可之實驗教育計畫所定內容實施，「不受課程綱要之限制」；學生學習評量，應依該許可之實驗教育計畫所定評量方式實施。

《公立高級中等以下學校委託私人辦理實驗教育條例》

第 1 條

　　為促進教育創新，鼓勵私人參與辦理公立高級中等以下學校實驗教育，以保障人民「**學習**」及「**受教育**」權利，增加人民選擇教育方式與內容之機會，促進教育多元化發展，落實「**教育基本法**」第十三條規定。

第 3 條

　　本條例用詞，定義如下：

1. 委託私人辦理：指核准設立學校之主管機關，依學校辦學特性，與受託人簽訂行政契約，將學校之全部委託其辦理，或將學校之分校、分部、分班或可以明確劃分與區隔之一部分校地、校舍，於新設一所學校後委託其辦理。
2. 受託人：指受各該主管機關委託辦理學校之本國自然人、非營利之私法人或民間機構、團體。但學校財團法人及其設立之私立學校或短期補習班，不得為受託人。
3. 受託學校：指由受託人受各該主管機關委託辦理之學校，仍屬「**公立學校**」。

第 4 條

1. 學校委託私人辦理，各該主管機關應提供同級同規模學校之教職員工員額編制之人事費、建築設備費及業務費予受託學校；人事費並應逐年依教職員工敘薪情形調整之。

⇨ 《預算法》第十條：1.歲入、歲出預算，按其收支性質分為經常門、資本門。2.歲入，除減少資產及收回投資為資本收入應屬資本門外，均為經常收入，應列經常門。經常門為各部會公務運作所需的一般基本需求，包括人事費、業務費、差旅費、事務費、雜支等。教師的人事費屬經常門，人事費也是占經常門最大比例的費用。

4. 受託學校辦學應保障學生受教權，實踐國民基本教育之「公益性」、「公共性」、「效能性」、「實驗性」、「多元性」及「創新性」。

第 11 條

1. 各該主管機關就學校委託私人辦理前，原學校依教育人員、公務人員相關法規聘任、任用之現有編制內校長、教師及職員，於委託日隨同移轉至受託學校繼續聘任、任用者，仍具教育人員、公務人員身分；其任用、服務、懲戒、考績、訓練、進修、俸給、保險、保障、結社、退休、資遣、撫卹、福利及其他權益事項，依原適用之教育人員、公務人員相關法規辦理。
2. 前項繼續任用人員中，人事、會計人員之管理，與其他公務人員同。

第 16 條

6. 其他公立學校現任教師經任職學校同意及各該主管機關許可者，得借調至受託學校擔任編制內校長或教師，其期間總計「不得逾三年」，待遇及福利，由受託學校支給，借調期滿回任原學校，原學校應保留職缺。

第 21 條

1. 公立國民小學及國民中學委託私人辦理者，直轄市、縣（市）主管機關與受託人訂定行政契約劃分學區時，得納入其他學區，不受原學校所屬學區之限制；其報名入學學生過多時，以設籍先後或抽籤方式決定其入學優先順序。

第 27 條

1. 有下列各款情事之一者，各該主管機關應提經審議會決議後，終止委託契約：

   (1) 受託人或受託學校從事「**營利或違法**」行為。

   (2) 受託人或受託學校發生「**財務困難**」，致影響學校正常運作及損及學生權益。

   (3) 受託學校發生其他足以嚴重影響學校經營及學生權益之情事。

   (4) 受託學校依第二十三條規定，經複評未通過者，經各該主管機關再限期改善，屆期仍未改善。

2. 審議會於作出前項決議前，應召開公聽會，邀請受託學校之教師、學生及家長參與。

《中華民國憲法》

第 158 條

教育文化，應發展國民之「民族精神、自治精神、國民道德、健全體格、科學及生活智能」。

第 159 條

國民受教育之機會，一律平等。

第 160 條

六歲至十二歲之學齡兒童，一律受基本教育，免納學費。其貧苦者，由政府供給書籍。已逾學齡未受基本教育之國民，一律受補習教育，免納學費，其書籍亦由政府供給。

第 164 條

教育、科學、文化之經費，在中央不得少於其預算總額百分之十五，在省不得少於其預算總額百分之二十五，在市縣不得少於其預算總額百分之三十五。其依法設置之教育文化基金及產業，應予以保障。

⇨ 目前省級行政區已經廢除。

第 165 條

國家應保障教育、科學、藝術工作者之生活，並依國民經濟之進展，隨時提高其待遇。

第 166 條

國家應獎勵科學之發明與創造，並保護有關歷史、文化、藝術之古蹟、古物。

⇨ 《憲法增修條文第十條》：10.教育、科學、文化之經費，尤其「國民教育」之經費應優先編列，不受憲法第一百六十四條規定之限制。11.國家肯定多元文化，並積極維護發展原住民族語言及文化。

《國民教育法》

第 1 條

　　國民教育依「中華民國憲法」第一百五十八條之規定，以養成「德、智、體、群、美」五育均衡發展之健全國民爲宗旨。

第 2 條

1. 凡「六歲至十五歲」之國民，應受國民教育；已逾齡未受國民教育之國民，應受國民補習教育。

2. 六歲至十五歲國民之強迫入學，另以法律定之。

⇨ 《強迫入學條例》第二條：六歲至十五歲國民（適齡國民）之強迫入學，依本條例（強迫入學條例）之規定。

第 3 條

1. 國民教育分爲二階段：前六年爲國民小學教育；後三年爲國民中學教育。

2. 對於資賦優異之國民小學學生，得縮短其修業年限。但以「一年」爲限。

⇨ 十二年國民基本教育依學制劃分爲三個教育階段，第一個教育階段爲國民小學教育、第二個教育階段爲國民中學教育、第三個教育階段爲高級中等學校教育。再依各教育階段學生之身心發展狀況，區分爲五個學習階段：國民小學低年級（一、二年級）爲第一學習階段，國民小學中年級（三、四年級）爲第二學習階段，國民小學高

年級（五、六年級）爲第三學習階段，國民中學（七年級至九年級）
爲第四學習階段，高級中等學校爲第五學習階段。

第 4 條

1. 國民教育，以由「**政府辦理**」爲原則，並鼓勵私人興辦。

4. 爲保障學生學習權及家長教育選擇權，國民教育階段得辦理「**非學校型態實驗教育**」，其實驗內容、期程、範圍、申請條件與程序及其他相關事項之準則，由教育部會商直轄市、縣（市）政府後定之。

第 4-1 條

1. 爲促進學生同儕互動，培養群體多元學習，有效整合教育資源，建構優質學習環境，均衡城鄉教育功能，確保學生就學權益，直轄市、縣（市）政府得辦理公立國民小學及國民中學之「**合併或停辦**」。

3. 原住民重點學校之合併或停辦，另依「**原住民族教育法**」規定辦理。

第 5 條

1. 國民小學及國民中學學生「**免納學費**」；貧苦者，由政府供給書籍，並免繳其他法令規定之費用。

2. 國民中學另設獎、助學金，獎助優秀、清寒學生。

3. 國民小學及國民中學雜費及各項代收代辦費之收支辦法，由直轄市、縣（市）政府定之。

⇨ 根據《國民教育法施行細則》第七條第二款：本法第五條第三項所定「雜費」，於公立國民中學及國民小學「免收」，公立國民中學

及國民小學的雜費及學費均免繳納，開學註冊只繳納書籍費及各種代辦費。

第 6 條

4. 國民小學及國民中學學生學籍資料，應以「書面」或「電子方式」切實記錄，「永久保存」並依法使用；其學籍管理辦法，由直轄市、縣（市）政府定之。

⇨ 國民中小學學生學籍資料要以紙本或數位化方式永久保存，不能銷毀。

第 7 條

　　國民小學及國民中學之課程，應以「民族精神教育」及「國民生活教育」為中心，學生身心健全發展為目標，並注重其「連貫性」。

第 7-1 條

　　為適應學生個別差異、學習興趣與需要，國民中學「三年級」學生，應在自由參加之原則下，由學校提供技藝課程選習，加強技藝教育，並得採「專案編班」方式辦理；其實施辦法，由教育部定之。

第 8 條

1. 中央主管機關應訂定國民中小學「課程綱要」及其實施之有關規定，作為學校規劃及實施課程之依據；學校規劃課程並得結合社會資源充實教學活動。

2. 國民中小學課程綱要之研究發展及審議，準用「**高級中等教育法**」之相關規定。

⇨ 十二年國民基本教育課程綱要總綱，以「自發」、「互動」及「共好」爲基本理念，以「成就每一個孩子——適性揚才、終身學習」爲願景，以「核心素養」作爲課程發展之主軸。

第 8-2 條

1. 國民小學及國民中學之教科圖書，由「**教育部審定**」，必要時得編定之。教科圖書審定委員會由學科及課程專家、教師及教育行政機關代表等組成。教師代表不得少於「**三分之一**」；其組織由教育部定之。
2. 國民小學及國民中學之教科圖書，由學校「**校務會議**」訂定辦法公開選用之。

第 9 條

1. 國民小學及國民中學各置校長一人，綜理校務，應爲「**專任**」，並採「**任期制**」，任期一任爲「**四年**」。但原住民、山地、偏遠、離島等地區之學校校長任期，由直轄市、縣（市）政府定之。
2. 國民小學及國民中學校長在同一學校得「**連任一次**」。任期屆滿得回任教職。但任期屆滿後「**一年內屆齡退休**」者，得提出未來校務發展計畫，經原學校「**校務會議**」通過，報經主管教育行政機關同意，續任原學校校長職務至退休之日。

⇨ 校長在同一學校可連任一次，每任任期四年，因而一位校長在同學校最多任期八年，八年期滿後，在一年內屆齡退休者可申請留任原學校至屆齡退休。

3. 縣（市）立國民中、小學校長，由縣（市）政府組織遴選委員會就公開甄選、儲訓之合格人員、任期屆滿或連任任期已達二分之一以上之現職校長或曾任校長人員中「遴選」後聘任之。但縣（市）學校數量國中未達十五校或國小未達四十校者，得遴選連任中之現職校長，不受連任任期已達二分之一以上之限制。

⇨ 校長採遴選制，可參加遴選者爲甄選儲訓合格人員、第一任任期滿四年者、同一學校第二任任期滿二年者（第二任任期的第三年、第四年，對應的法規爲連任任期已達二分之一以上現職校長）。

第 9-4 條

1. 現職校長具有教師資格願意回任教師者，由主管教育行政機關分發學校任教，「不受」教師法、教育人員任用條例應經學校教師評審委員會審議相關規定之限制。

⇨ 現任校長回任教師者，由教育局（處）直接分發到學校擔任教職，不用經該學校教師評審委員會審議同意。

第 10 條

1. 國民小學與國民中學設「校務會議」，議決校務重大事項，由校長召集主持。校務會議以校長、全體專任教師或教師代表、家長會代表、職工代表組成之。其成員比例由設立學校之各級主管教育行政機關定之。

2. 國民小學及國民中學，視規模大小，酌設「教務處」、「學生事務處」、「總務處」或「教導處」、「總務處」，各置主任一人及職員

若干人。主任由校長就專任教師中聘兼之，職員由校長遴用，均應報直轄市或縣（市）主管教育行政機關核備。

⇨ 小規範學校之行政組織將教務處與學生事務處合併為「教導處」。

3. 國民小學及國民中學應設輔導室或輔導教師。輔導室置主任一人及輔導教師若干人，由校長遴選具有教育熱忱與專業知能教師任之。輔導主任及輔導教師以「專任」為原則。

⇨ 輔導教師的員額職責等相關法規為《學生輔導法》。

第 12 條

1. 國民小學及國民中學，以採「小班制」為原則，每班置「導師一人」，學校規模較小者，得酌予增加教師員額；其班級編制及教職員員額編制準則，由教育部定之。

⇨ 對應的法規為《國民小學與國民中學班級編制及教職員員額編制準則》。

2. 國民小學及國民中學各年級應實施「常態編班」；為兼顧學生適性發展之需要，得實施分組學習；其編班及分組學習準則，由教育部定之。

《國民小學及國民中學常態編班及分組學習準則》

第 1 條

本準則依國民教育法第十二條第二項規定訂定之。

第 2 條

公私立國民小學及國民中學之編班及分組學習，除特殊教育法、藝術教育法或其他法律另有規定外，依本準則之規定。

第 3 條

本準則用詞定義如下：

1. 常態編班：指於同一年級內，以隨機原則將學生安排於班級就讀之編班方式。
2. 分組學習：指依學生之學習成就、興趣、性向、能力等特性差異，將特性相近之學生集合為一組，實施適性化或個別化之學習。

第 4 條

1. 國中小各年級應實施「**常態編班**」。
2. 國中小各年級應維持原有編班。但國小「**三年級**」及「**五年級**」或另有增減班情形者，不在此限。

⇨ 新學年度國小升二年級、四年級、六年級班，維持原有班級編班。

第 5 條

1. 直轄市、縣（市）政府應成立國中小常態編班推動委員會，負責推動國中小之常態編班。

2. 前項編班推動委員會置委員十一人至十七人，其中一人為主任委員，由「**教育局局長**」兼任；其餘委員由教育局人員、國中小校長、地方教師會代表、學生家長會代表及學者專家組成，其中「**地方教師會代表**」、「**學生家長會代表**」各不得少於委員總人數之「**三分之一**」。

⇨ 某直轄市編班推動委員會置委員十五人，其中「學生家長會代表」至少要有多少人？（至少三分之一，五位以上）。

第 7 條

1. 學校於導師編配完成後，應立即於校內公告「**至少十五日**」，學期內班級學生有異動者，亦應隨時更新並於校內公告「**至少十五日**」。

2. 國中小應將常態編班及導師編配過程之測驗成績、電腦亂數表、導師抽籤及編班結果等相關資料，妥為保存「**至少三年**」，以備查考。

第 8 條

1. 國中小之分組學習，以「**班級內**」實施為原則。但國中二年級、三年級得就下列領域，以二班或三班為一組群，依學生學習特性，實施「**年級內之分組學習**」：

   (1) 國中二年級得就「**英語**」、「**數學領域**」，分別實施分組學習。

   (2) 國中三年級得就「**英語**」、「**數學**」、「**自然與生活科技領域**」〔新課綱自然科學與科技領域〕，分別實施分組學習。其中數學及自然與生活科技領域得合併為同一組。

第 9 條

　　國中小辦理社團活動時，得不受本準則之限制，不同年級、班級之學生得自由參加，以發展多元能力，深化學習成果。

《國民教育法施行細則》

第 2 條

國民小學及國民中學之設置，除依本法第三條及第四條規定外，應依下列各款辦理：

1. 以「**便利**」學生就讀爲原則。
2. 以「**分別設置**」爲原則。
3. 以不超過「**四十八班**」爲原則。學校規模過大者，直轄市、縣（市）政府應增設學校，重劃學區。
4. 交通不便、偏遠地區或情況特殊之地區，直轄市、縣（市）政府視實際需要與學習成效，選擇措施：
   (1) 設置分校或分班。
   (2) 依強迫入學條例第十四條規定提供膳宿設備。
   (3) 提供上下學所需之交通工具或補助其交通費。
   (4) 其他有利學生就讀及學習之措施。

第 7 條

2. 本法第五條第三項所定「**雜費**」，於「**公立**」國民中學及國民小學「**免收**」；於私立國民中學及國民小學，以教學、訓輔業務、人事（教職員含薪資、福利、退休撫卹等）、行政管理、基本設備使用及校舍修建等所需費用爲計算基準。

⇨ 私立國民中學及國民小學是否收取雜費由學校董事會或學校相關會議決定，第七條第二款規定的學校爲公立國民中學及國民小學。

3. 本法所稱代收代辦費，指學生個人需要及使用之事項，或學校為學生相關權益及福祉，接受委託代收代辦費用：

(1)「教科書書籍費」、「學生寄宿費」、「家長會費」、「學生團體保險費」及「午餐費」。

(2) 直轄市、縣（市）政府依本法所定收支辦法規定得收取之費用。

⇨ 電腦維護費也是代收代辦費的一種，班費因班級屬性差異與各班家長會決議不同，因而不列入代辦費用。

第 8 條

國民小學及國民中學學生入學，除依本法及強迫入學條例規定外，並依下列各款辦理：

1. 學齡兒童入學年齡之計算，以入學當年度「九月一日滿六歲者」。

第 13 條

1. 國民小學及國民中學之學生事務及輔導工作，應兼顧學生「群性」及「個性」之發展，參酌學校及學生特性，並依相關法令之規定辦理。

2.「校長及全體教師」均負學生之學生事務及其輔導責任。

第 14 條

2. 國民小學及國民中學各處、室掌理事項，得參照下列各款辦理：

(1)「教務處」：課程發展、課程編排、教學實施、學籍管理、成績評量、教學設備、資訊與網路設備、教具圖書資料供應、教學研究、教學評鑑，並與輔導單位配合實施教育輔導等事項。

(2)「**學生事務處**」：公民教育、道德教育、生活教育、體育衛生保健、學生團體活動及生活管理，並與輔導單位配合實施生活輔導等事項。

(3)「**總務處**」：學校文書、事務、出納等事項。

(4)「**輔導室（輔導教師）**」：學生資料蒐集與分析、學生智力、性向、人格等測驗之實施，學生興趣成就與志願之調查、輔導及諮商之進行，並辦理特殊教育及親職教育等事項。

⇨ 劃分學校行政四個處室的主要職責與工作。

3. 設教導處者，其掌理事項包括前項教務處及學生事務處業務。

《國民小學與國民中學班級編制及教職員員額編制準則》

第 2 條

1. 國民小學及國民中學普通班班級編制規定如下：

   (1) 國民小學每班學生人數以「二十九人」爲原則。

   (2) 國民中學每班學生人數以「三十人」爲原則。

   (3) 山地、偏遠及離島等地區之學校每班學生人數，得視實際情形予以降低，並以維持「年級教學」爲原則。

⇨ 根據《國民小學及國民中學設施設備基準》：五、學校應符合音環境、光環境、熱環境、空氣環境、綠化環境、文化環境之指標。八、校舍數量：(一) 國民小學：1. 每班一間普通教室，面積（包括走廊）爲一百一十七平方公尺。每間教室以容納「二十九」人爲原則。班級人數較少之學校，普通教室面積得依實際需要酌減，惟每間室內面積至少應有四十八平方公尺，且每生享有室內面積不得少於「二點四平方公尺」。(二) 國民中學：1. 每班一間普通教室，面積（包括走廊）爲一百一十七平方公尺。每間教室以容納「三十人」爲原則。班級人數較少之學校，普通教室面積得依實際需要酌減，惟每間室內面積至少應有四十八平方公尺，且每生享有室內面積不得少於「二點四平方公尺」。

⇨ 國民中學及國民小學普通教室室內面積至少應有四十八平方公尺，每位學生生享有的室內空間面積不得少於二點四平方公尺。

第 3 條

1. 國民小學教職員員額編制如下：

   (1) 校長：每校置校長一人，專任。

   (2) 主任：各處、室及分校置主任一人，除**「輔導室」**主任得由**「教師專任」**外，其餘由教師兼任。

   (3) 組長：各組置組長一人，得由教師兼任、職員專任或兼任。

   (4) 教師：每班至少置教師**「一‧六五人」**；全校未達九班者，另增置教師一人。

   (5) 專任輔導教師：班級數**「二十四班以下」**者，置一人；二十五班至四十八班者，置二人；四十九班以上者以此類推。

   (7) 圖書館專業人員：至少應置一人，且專業人員占圖書館工作人員之比率應達三分之一。

2. 國民小學得視需要，在不超過全校教師員額編制數**「百分之八」**範圍內，將專任員額控留，改聘代理教師、兼任、代課教師、教學支援工作人員或輔助教學工作之臨時人員，但學校教師員額編制十二人以下者，得將專任員額控留一人改聘之；其控留員額為二人以上者，至少**「半數員額應改聘代理教師」**。

第 4 條

1. 國民中學教職員員額編制如下：

   (2) 主任：各處、室及分校置主任一人，除**「輔導室」**主任得由**「教師專任」**外，其餘由教師兼任。

   (4) 教師：每班至少置教師**「二‧二人」**，每九班得增置教師一人；全校未達九班者，得另增置教師一人

   (5) 專任輔導教師：班級數**「十五班以下」**者，置一人；十六班至三十班者，置二人；三十一班以上者以此類推。

(7) 圖書館專業人員：至少應置一人，且專業人員占圖書館工作人員之比率應達三分之一。

第 4-1 條

1. 偏遠地區國民小學及國民中學全校學生人數達「三十一人以上」者，其全校教師員額編制，應依偏遠地區學校教育發展條例第十一條第一項規定，按「**教師授課節數滿足學生學習節數**」定之，不受前二條第一項第四款規定之限制。

《高級中等教育法》

第 1 條

　　高級中等教育，應接續九年國民教育，以陶冶青年身心，發展學生潛能，奠定學術研究或專業技術知能之基礎，培養五育均衡發展之優質公民為宗旨。

第 2 條

1. 九年國民教育及高級中等教育，合為「**十二年國民基本教育**」。
2. 九年國民教育，依國民教育法規定，採「**免試**」、「**免學費**」及「**強迫入學**」；高級中等教育，依本法規定，採「**免試入學**」為主，由學生依其性向、興趣及能力自願入學，並依「**一定條件採免學費**」方式辦理。

　⇨　十二年國民基本教育之第三個教育階段為高級中等教育，並非免學費，而是有條件的免學費，此外也要繳納雜費。

第 5 條

　　高級中等學校分為下列類型：

1. 「**普通型高級中等學校**」：提供基本學科為主課程，強化學生通識能力之學校。
2. 「**技術型高級中等學校**」：提供專業及實習學科為主課程，包括實用技能及建教合作，強化學生專門技術及職業能力之學校。
3. 「**綜合型高級中等學校**」：提供包括基本學科、專業及實習學科課程，以輔導學生選修適性課程之學校。

⇨ 根據《技術及職業教育法》第二十四條：1. 高級中等以下學校師資職前教育課程應將職業教育與訓練、生涯規劃相關科目列為必修學分。2. 高級中等學校職業群科師資職前教育課程，應包括時數至少「十八小時」之業界實習，由師資培育大學安排之。

第二十五條：1. 技職校院專業科目或技術科目之教師，應具備一年以上與任教領域相關之業界實務工作經驗。

4. 「單科型高級中等學校」：採取特定「學科領域」為核心課程，提供學習性向明顯之學生，繼續發展潛能之學校。

第 14 條

1. 高級中等學校置校長一人，「專任」，綜理校務，經各該主管機關許可者，得於本校或他校兼課。

3. 高級中等學校校長應採「任期制」。公立學校校長一任「四年」，參與遴選之現職校長應接受辦學績效考評，經遴選會考評結果績效優良者，得在同一學校連任一次或優先遴選為出缺學校校長；「第一任任期未屆滿」，或連任任期「未達二分之一」者，不得參加他校校長遴選。私立學校校長任期及連任之規定，由學校財團法人董事會定之。

4. 現職國民中小學校長符合高級中等學校校長資格者，其於國民中小學校長第一任任期「未屆滿」或連任任期未達「二分之一」者，不得參加高級中等學校校長之遴選。

第 15 條

1. 現職公立高級中等學校校長未獲遴聘，或因故解除職務，其具有教師資格願回任教師者，除有教師法所定解聘、停聘或不續聘情事者外，由各該主管機關逕行分發學校任教，「免受教師評審委員會審議」。

第 19 條

1. 高級中等學校得置副校長一人，一級單位置主任或部主任一人，二級單位依其性質置組長、科主任或學程主任一人。

2. 副校長應由校長就曾任一級單位主管以上人員聘兼之。一級單位主任、部主任及二級單位科主任、學程主任，除「**總務單位**」之主任得由教師兼任或職員專任外，其餘均由校長就「**專任教師聘兼**」之。

3. 二級單位組長，除「**總務單位**」之組長由「**職員專任**」、學生事務單位負責「**生活輔導**」業務之組長得由具「**輔導知能之人員兼任**」外，其餘由校長就專任教師聘兼之或由職員專任。

第 25 條

1. 高級中等學校設「**校務會議**」，審議下列事項：
   (1) 校務發展或校園規劃等重大事項。
   (2) 依法令或本於職權所訂定之各種重要章則。
   (3) 教務、學生事務、總務及其他校內重要事項
   (4) 其他依法令應經校務會議議決事項。

2. 校務會議，由校長、各單位主管、全體專任教師或教師代表、職員代表、家長會代表及經選舉產生之學生代表組成；其成員之人數、比率、產生及議決方式，由各校定之，任一性別成員人數不得少於成員總數「**三分之一**」；學生代表人數不得少於成員總數「**百分之八**」，並報各該主管機關備查。

⇨ 某高級中等學校的校務會議代表人數共五十人，其中學生代表人數成員至少要有 $50 \times 8\% = 4$ 位以上。

4. 校務會議，由校長召集並主持，「**每學期至少開會一次**」；經校務會議代表「**五分之一以上**」請求召開臨時校務會議時，校長應於「**十五日內**」召開。

第 35 條

1. 為發展多元智能、培育創新人才，高級中等學校應採「**多元入學**」方式辦理招生。多元入學，以「**免試入學**」為主；經各該主管機關核定者，得就部分名額，辦理特色招生。

第 37 條

1. 高級中等學校辦理「**免試**」入學，應由學生向學校提出申請，免考入學測驗。

2. 申請免試入學人數未超過各該主管機關核定之名額者，全額錄取。

4. 前項情形，除得以學生在校「**健康與體育**」、「**藝術**」、「**綜合活動**」、「**科技領域**」之學習領域評量成績及格與否作為比序項目外，其他在校學習領域評量成績均不得採計。

⇨ 個人申請免參加入學測驗，但要有國中教育會考成績，考試科目為國文、英語、數學、社會和自然等五科與寫作測驗（國語文寫作測驗），會考成績分「精熟」（A++、A+、A）、「基礎」（B++、B+、B）、「待加強」。教育會考英語（聽力）僅區分學生學習表現為「基礎」與「待加強」二等級。寫作能力由劣至優區分為一級分至六級分，「四級分」表示已達一般水準。國中教育會考各科內容皆以十二年國民基本教育課程綱要第四學習階段學習表現及學習內容為命題依據，採用標準參照計分。

第 38 條

1. 高級中等學校辦理特色招生，應採學科考試分發或術科甄選方式辦理。

5. 第一項採學科考試分發之特色招生，應於免試入學後辦理。免試入學未招滿之名額，不得移列調整於特色招生。

《偏遠地區學校教育發展條例》

第 1 條

　　爲落實「憲法」及「教育基本法」規定，實踐「教育機會平等」原則，確保各地區教育之均衡發展，並因應偏遠地區學校教育之特性及需求。

⇨ 「憲法」及「教育基本法」共同的核心內涵爲教育機會平等。

第 4 條

1. 本條例所稱偏遠地區學校，指因「交通」、「文化」、「生活機能」、「數位環境」、「社會經濟條件」或「其他因素」，致有教育資源不足情形之公立高級中等以下學校。

⇨ 偏遠地區學校的認定標準共有六大要項：交通、文化、生活機能、數位環境、社會經濟條件與其他因素等。

2. 前項偏遠地區學校應予分級；其分級及認定標準，由中央主管機關會商「原住民族委員會」、「地方主管機關」（直轄市或縣市政府）訂定，並每「三年」檢討之。

第 5 條

1. 偏遠地區學校編制內合格專任教師，得以下列方式之一聘任：
   (1) 聯合甄選。
   (2) 介聘。
   (3) 接受公費生分發。
   (4) 專爲偏遠地區學校辦理之甄選。

2. 前項第三款及第四款情形，教師係接受偏遠地區學校聘任者，應實際服務「**六年以上**」，始得提出申請介聘至非偏遠地區學校服務。

3. 前項所稱「**實際服務六年**」，指實際服務現職學校期間扣除各項留職停薪期間所計算之實際年資。但「**育嬰**」或「**應徵服兵役**」而留職停薪期間之年資，得採計「**至多二年**」。

第 7 條

1. 偏遠地區學校依規定甄選合格專任教師，確有困難者，主管機關得控留所轄偏遠地區學校教師編制員額「**三分之一**」以下之人事經費，由主管機關採公開甄選方式，進用代理教師或以契約專案聘任具教師資格之教師（簡稱專聘教師），聘期一次「**最長二年**」。

3. 專聘教師連續「**任滿六年**」，且依前項取得第二專長，表現優良者，得「**一次再聘六年**」或依其意願參加專任教師甄選，並予以加分優待。

第 8 條

2. 前條未具教師資格之現職代理教師，最近「**三年內**」於偏遠地區學校實際服務滿「**四學期**」，且表現優良者，得參加由中央主管機關全額補助師資培育之大學辦理之高級中等以下學校及特殊教育學校（班）師資類科師資職前教育課程。

3. 前項人員修畢師資職前教育課程成績及格者，由師資培育之大學發給修畢師資職前教育證明書；其通過教師資格考試且經教學演示及格者，「**得免教育實習**」，由中央主管機關發給教師證書。

第 10 條

1. 主管機關就偏遠地區學校之組織、人事及運作，得依下列規定爲特別之處理，不受國民教育法及高級中等教育法之限制：

   (1) 行政組織依需要彈性設置。

   (2) 校長任期一任爲「四年」，其辦學績效卓著，校務發展計畫經審核通過，並經主管機關校長遴選委員會同意者，得「連任二次」。

   (4) 混齡編班或混齡教學；其課程節數，不受課程綱要有關階段別規定之限制。

➩ 混齡編班又稱跨年級編班，混齡教學又稱跨年級教學，如將三年級與四年級學生合爲一班上課。

第 12 條

1. 地方主管機關轄內之村、里或部落，未設學校而有下列情形者，應設立國民小學分校或分班：

   (1) 最近公立國民小學距離村、里或部落辦公處所「五公里以上」，且無大眾運輸或免費交通工具可到達（指汽車可行駛之最短距離至少五公里）。

   (2) 村、里或部落內有國民小學學齡兒童「十五人以上」。

2. 村、里或部落有前項第一款情形，其轄內有國民小學學齡兒童未滿十五人者，地方主管機關應就下列措施，依序評估辦理：

   (1) 設立國民小學分校、分班或教學場所。

   (2) 安排交通工具或補助交通費及學生上下學保險費，協助學生就學。

   (3) 經家長同意，安排學生住校或寄宿。

第 20 條

2. 非偏遠地區學校現任教師經偏遠地區學校請求，並經任職學校同意及主管機關許可者，得自願在原學校留職停薪借調至偏遠地區學校擔任編制內教師，期間總計不得「**超過六年**」；其待遇及福利，依偏遠地區學校適用之規定，由其服務之偏遠地區學校支給；借調期滿回任原學校，原學校應保留職缺，服務年資應予併計。

《偏遠地區學校教育發展條例施行細則》

第 2 條

1. 本條例第五條第二項所稱應實際服務六年以上，指在「**同一學校實際服務至少六年**」。

2. 教師因非自願超額調校或裁併校之情事，致未能符合前項規定者，其於原校與新任教學校之實際服務年資「**應予併計至少六年以上**」，始得提出申請介聘至非偏遠地區學校服務。

第 3 條

1. 本條例第六條所稱「**偏遠地區學生**」，指符合下列之一者：

   (1) 於偏遠地區學校國民小學及國民中學就讀合計「**至少滿五年，並取得畢業證書**」。

   (2) 於偏遠地區學校高級中等學校就讀「**至少滿三年，並取得畢業證書**」。

   ⇨ 偏遠地區學生的界定要符合上述二個要件之一。

2. 本條例第六條所稱一定名額，指各師資培育之大學該學年度經核定師資生名額之「**百分之四**」。但該師資培育之大學偏遠地區學生人數未達核定師資生名額之百分之四者，不在此限。

第 8 條

國民小學混齡編班，「**不受課程綱要**」所定第一學習階段至第三學習階段學習節數之限制。

⇨ 混齡編班的教學稱爲跨年級教學，第一至第三學習階段分別爲國民小學低年級、中年級、高年級。

第 11 條

　　偏遠地區國民小學全校學生人數未滿五十人且採混齡編班者，除置校長及必要之行政人力外，其教師員額編制，得以生師比「**五比一**」計算。但教師員額最低「**不得少於三人**」。

《偏遠地區學校分級及認定標準》

第 1 條

本標準依偏遠地區學校教育發展條例第四條第二項規定訂定之。

第 2 條

偏遠地區學校分為離島地區學校及臺灣本島偏遠地區學校，並依本條例第四條第一項交通、文化、生活機能、數位環境、社會經濟條件或其他因素，各分為下列三級：

1.「**極度偏遠**」。

2.「**特殊偏遠**」。

3.「**偏遠**」。

第 4 條

1. 離島地區學校之分級，依行政區域，規定如下：

　(1) 極度偏遠：

　　① 連江縣：東引鄉、莒光鄉。

　　② 澎湖縣：望安鄉花嶼村。

　(2) 特殊偏遠：

　　① 金門縣：烈嶼鄉。

　　② 連江縣：北竿鄉。

　　③ 澎湖縣：湖西鄉、白沙鄉、西嶼鄉、七美鄉、馬公市虎井里及望安鄉花嶼村以外之各村。

　　④ 臺東縣：蘭嶼鄉、綠島鄉。

⑤屏東縣：琉球鄉。

(3) 偏遠：

① 金門縣：金城鎮、金湖鎮、金寧鄉、金沙鎮。

② 連江縣：南竿鄉。

③ 澎湖縣：馬公市虎井里以外之各里。

第 5 條

1. 中央主管機關應依第六條至第十條所定**「交通」**、**「文化、「生活機能」**、**「數位環境」**及**「社會經濟條件」**因素之各款評估指標，按附表計量模型計算臺灣本島高級中等以下各教育階段之極度偏遠、特殊偏遠及偏遠之各級別學校數。

3. 國立高級中等以下學校，由中央主管機關依第一項規定之校數，及第六條至第十條之指標分級認定後，逐予核定為偏遠地區學校。

《教育部國民及學前教育署補助辦理國民小學及國民中學學生學習扶助作業要點》

二、本要點所定補助之目的如下

(一) 篩選「國語文」、「數學」、「英語文」三科目（領域）學習低成就學生，及早即時提供學習扶助，弭平學力落差。

(二) 提升學生學習效能，確保學生基本學力。

(三) 落實教育機會均等理想，實現社會公平正義。

⇨ 學習扶助的目的（目標）：1. 確保學生國語文、數學及英語文領域學科的基本學力；2. 弭平學生間的學力落差；3. 落實教育機會均等的理想。

五、補助項目及支用標準

(二) 學校開班經費

1. 教學人員鐘點費、勞保費、勞退金、健保費及補充保費等相關經費：

　(1) 鐘點費：

　　① 學期中第七節以前：依「公立中小學兼任及代課教師鐘點費支給基準表」之國民小學及國民中學兼任及代課教師支給數額辦理。

　　② 第七節下課以後、週末、寒暑假及住校生十八時以後夜間輔導：國民小學每節「四百元」，國民中學每節「四百五十元」。

　　③ 校內現職教師（包括代理教師）擔任課中學習扶助班級授課教師，於超過各地方政府所訂每週基本授課節數後之課中學習扶助授課節數（國小週間未排課下午之學習扶助授課節數不在此限），始得支領本目之 (1) 之①之鐘點費。

2. 行政費：辦理學習扶助相關費用。以每校各期實際授課總節數乘以每節「**四十元**」計算，且各期行政費僅得於該期別使用，不得勻支至其他期別使用。

⇨ 修正「公立中小學兼任及代課教師鐘點費支給基準表」（民國 111 年 8 月 9 日）

一、兼任及代課教師	
任教學校	**支給數額**
高級中等學校（50 分鐘）	420
國民中學（45 分鐘）	378
國民小學（40 分鐘）	336
附則： 一、支給方式 (一) 整學期兼任、代課者：按每週排定之兼任、代課節數，每月以四週，每學期以五個半月計算發給。 (二) 非整學期兼任、代課者：依實際授課節數發給。	

《教育部國民及學前教育署補助辦理國民小學及國民中學學生學習扶助作業注意事項》

二、實施原則

(一) 各直轄市、縣（市）政府（簡稱地方政府）應就「**提升學生學力**」整體規劃學習扶助推動事宜，並檢視前一學年度辦理成效及預期目標，據以擬定當學年度推動重點。

(二) 學校應透過篩選測驗找出有學習需求之學生，依測驗結果報告設計課程及教學策略，並運用「**成長測驗**」追蹤學生學習成效。

四、篩選測驗及成長測驗

(一) 篩選測驗

1. 由學校依應提報比率，提報參加篩選測驗之學生名單及其測驗科目（領域）。

2. 應提報比率：

  (1) 一年級國語文與數學及三年級英語文：依學校前一年度，該年級各該科目（領域）之「**年級未通過率**」加「**百分之五**」計算應提報比率。

  (2)「**二年級至八年級國語文與數學**」及「**四年級至八年級英語文**」：依學校當年度、各年級、各該科目（領域）個案學生數加年級學生數之「**百分之五**」計算應提報比率。

  (3) 學校符合下列情形之一者，其每位學生均須參加國語文、數學及英語文測驗：

    ① 原住民學生合計占全校學生總人數之「**百分之四十以上**」者。

    ② 澎湖縣、金門縣、連江縣、屏東縣琉球鄉、臺東縣蘭嶼鄉及綠島鄉等離島地區學校。

③偏遠地區學校，其住宿學生總人數占全校學生總人數之「**百分之三十以上**」者。

④國中教育會考成績待提升之學校：國中教育會考「**國文**」、「**英語**」、「**數學**」三考科任兩科成績「**待加強**」等級人數（包括缺考）超過該校「**應考**」人數「**百分之五十**」之學校。

⑤法務部矯正署所屬少年矯正學校及少年輔育院。

3. 測驗時間：每學年第二學期期末。

4. 測驗科目（領域）：「**國語文**」、「**數學**」及「**英語文**」（包括聽力測驗）。

5. 測驗方式：

　(1) 紙筆施測：一、二年級國語文與數學及三年級英語文。

　(2) 線上施測：三年級國語文與數學、四年級至八年級之國語文、數學及英語文。但具特殊原因學校，經地方政府同意，得以學校爲單位採答案卡劃記辦理。

　(3) 澎湖縣、金門縣及連江縣得採全縣統籌辦理方式進行施測。

(二) 成長測驗

1. 未結案之個案學生，均應參加「**成長測驗**」。

2. 測驗時間：每學年「**第一學期期末**」。

3. 測驗科目（領域）：「**國語文**」、「**數學**」及「**英語文**」（包括聽力測驗）。

五、開班原則

(一) 開班人數

1. 每班以「**十人**」爲原則，最多不得「**超過十二人**」，最少不得「**低於六人**」。

2. 教學人員爲大學生者，每人以輔導「**三人至六人**」爲原則。

3. 不支領鐘點費之授課人員，得視需要採一對一、一對二等方式進行輔導。

(二) 編班方式

1. 以**「抽離原班」**並依學生篩選測驗未通過科目（領域）之學力現況分科目（領域）開班，並得採**「小班」**、**「協同」**、**「跨年級」**等方式實施。

3. 學習扶助學生同一科目（領域）以不重複參加課中及課後學習扶助為原則。

(三) 開班期別：學習扶助分為**「暑假」**、**「第一學期」**、**「寒假」**、**「第二學期」**等四期，各校得視學生實際需求規劃辦理期數。非二學期制學校得依其學期制度辦理開班。

(四) 開班節數

1. 學期中：

(1) 課餘學習扶助：每班各期各科目（領域）上課總節數以**「七十二節」**為原則，同一班級開設多種科目（領域）者，亦同。課後實施**「至多二節」**為限，國小週間未排課之下午**「至多四節」**為限。

(2) 課中學習扶助：以**「課中抽離」**方式開班者，每週上課節數不得超過該科目（領域）之授課節數，且不受每班各期各科目（領域）上課總節數以七十二節為原則之限制。

2. 寒暑假：每班上課總節數以**「寒假二十節」**、**「暑假八十節」**為原則。

六、教學人員資格

(一) 一般班級教學人員資格

1. 具有高級中等以下學校合格教師證書者，應接受**「八小時」**學習扶助師資研習課程。

2. 未取得高級中等以下學校合格教師證書者，應符合下列資格之一且應接受**「十八小時」**學習扶助師資研習課程：

(1) 大學生：指大學二年級以上（包括研究所）在學學生且具下列條件之一者：具有國語文、數學、英語文三學科教學知能者。受有相關師資培育或特殊教育訓練者。具相關科系或學習扶助經驗者。

《國民小學及國民中學學生成績評量準則》

⇨ 融入學習評量學科。

第 4 條

國民中小學學生成績評量原則如下：

1. 目標：應符合教育目的之正當性。
2. 對象：應兼顧適性化及彈性調整。
3. 時機：應兼顧平時及定期。
4. 方法：應符合紙筆測驗使用頻率「**最小化**」。
5. 結果解釋：應以「**標準參照**」為主，常模參照為輔。
6. 結果功能：形成性及總結性功能應並重；必要時，應兼顧診斷性及安置性功能。
7. 結果呈現：應兼顧質性描述及客觀數據。
8. 結果管理：應兼顧保密及尊重隱私。

第 6 條

1. 國民中小學學生成績評量時機，分為「**平時評量**」及「**定期評量**」二種。
2. 領域學習課程評量，應兼顧平時評量及定期評量；「**彈性學習**」課程評量，應以「**平時評量**」為原則，並得視需要實施定期評量。

⇨ 十二年課綱中之課程類型分為部定課程與校訂課程。部定課程由國家統一規劃，以養成學生的基本學力，並奠定適性發展的基礎，分為八大領域。「校訂課程」：由學校安排，以形塑學校教育願景及

> 強化學生適性發展。1. 校訂課程在國民小學及國民中學爲「彈性學習課程」，包含跨領域統整性主題／專題／議題探究課程、社團活動與技藝課程、特殊需求領域課程，以及服務學習、戶外教育、班際或校際交流、自治活動、班級輔導、學生自主學習、領域補救教學等其他類課程（2021，十二年國民基本教育課程綱要總綱）。

3. 前項平時評量中，紙筆測驗之次數，於各領域學習課程及彈性學習課程，均應符合第四條第四款「**最小化原則**」；定期評量中，紙筆測驗之次數，每學期「**至多三次**」。

4. 學生因故不能參加定期評量，經學校核准給假者，得補行評量；其成績以實得分數計算爲原則。

5. 日常生活表現以「**平時評量**」爲原則，評量次數得視需要彈性爲之。

第 9 條

1. 國民中小學學生領域學習課程及彈性學習課程之平時及定期成績評量結果，應依評量方法之性質以等第、數量或質性文字描述記錄之。

2. 前項各領域學習課程及彈性學習課程之成績評量，至學期末，應綜合全學期各種評量結果紀錄，參酌學生人格特質、特殊才能、學習情形與態度等，評量及描述學生學習表現，並得視需要提出未來學習之具體建議。

3. 領域學習課程之評量結果，應以「**優、甲、乙、丙、丁**」之等第，呈現各領域學習課程學生之全學期學習表現；其等第與分數之轉換如下：
   (1) 優等：九十分以上。
   (2) 甲等：八十分以上未滿九十分。
   (3) 乙等：七十分以上未滿八十分。
   (4) 丙等：六十分以上未滿七十分。
   (5) 丁等：未滿六十分。前項等第，以「**丙等爲表現及格**」之基準。

⇨ 中小學學生學期領域學科的及格分數為六十分（丙等）以上（含）。

第 10 條

1. 學校就國民中小學學生領域學習課程、彈性學習課程及日常生活表現之成績評量紀錄及具體建議，「**每學期**」至少應以書面通知家長及學生「**一次**」。
2. 學校得公告說明學生分數之分布情形。但「**不得公開**」呈現個別學生在班級及學校排名。

第 12 條

　　國民中小學學生修業期滿，符合下列規定者，為成績及格，由學校發給畢業證書；未符合者，發給「**修業證明書**」：

1. 出席率及獎懲：學習期間授課總日數扣除學校核可之公、喪、病假，上課總出席率至少達「**三分之二以上**」，且經獎懲抵銷後，「**未滿三大過**」。
2. 領域學習課程成績：
   (1) 國民小學階段：語文、數學、社會、自然科學、藝術、綜合活動、健康與體育七領域有「**四大領域以上**」，其各領域之畢業總平均成績，均達「**丙等以上**」。
   (2) 國民中學階段：語文、數學、社會、自然科學、藝術、綜合活動、科技、健康與體育八領域有「**四大領域以上**」，其各領域之畢業總平均成績，均達「**丙等以上**」。

⇨ 國民中小學學生修業期滿未達畢業門檻標準者只發給修業證明書，而非畢業證書。

第 14 條

1. 為了解並確保國民中學學生「**學力品質**」，應由教育部會同直轄市、縣（市）政府辦理「**國中教育會考**」：

   (1) 中華民國一百零三年起每年五月針對國民中學三年級學生統一舉辦，評量科目為國文、英語、數學、社會與自然五科及寫作測驗；其評量結果，除寫作測驗分為一級分至六級分外，分為「**精熟**」、「**基礎**」及「**待加強**」三等級。

第 16 條

1. 國民中學及其主管機關為輔導學生升學或協助學生適應教育會考之程序、題型及答題方式，得辦理模擬考，其辦理次數，全學期不得超過「**二次**」。模擬考成績「**不得納入學生評量成績**」計算。

《強迫入學條例》

第 1 條

本條例依「**國民教育法**」第二條第二項規定制定之。

第 2 條

六歲至十五歲國民（稱適齡國民）之強迫入學，依本條例之規定。

⇨ 《強迫入學條例施行細則》第二條：本條例第二條所稱六歲至十五歲國民（適齡國民）之強迫入學，其期間自國民滿六歲該年度九月一日開始至滿十五歲之該學年度結束為止。

第五條：直轄市、縣（市）、鄉（鎮、市、區）強迫入學委員會，每年至少「開會二次」，由主任委員召集之。

第八條：本條例第九條第一項所稱「長期缺課」，指全學期累計達「七日以上」，未經請假而無故缺課者。

第 8 條

國民小學應於每年五月底前，造具當年度畢業生名冊，報請主管教育行政機關辦理分發，並於七月十五日前按「**學區**」通知入國民中學。

第 8-1 條

國民小學及國民中學發現學生有未經請假或不明原因未到校上課達「三天」以上，或轉學生未向轉入學校報到者，應通報主管教育行政機關，並輔導其復學。

《國民小學與國民中學未入學或中途輟學學生通報及復學輔導辦法》

第 1 條

本辦法依強迫入學條例「**第八條之一**」規定訂定之。

第 2 條

1. 本辦法用詞，定義如下：
   (1)「**未入學學生**」：指新生未經請假或不明原因未就學。
   (2)「**中途輟學學生**」（簡稱中輟生）：指國民小學及國民中學學生有下列情形之一者：
   ① 未經請假、請假未獲准或不明原因未到校上課連續「**達三日**」以上。
   ② 轉學生因不明原因，自轉出之日起「**三日內**」未向轉入學校完成報到手續。
   (3) 復學：指未入學學生或中輟生返校就讀。
2. 前項國民小學及國民中學未入學學生及中輟生，不包括於少年矯正學校及少年輔育院接受矯正教育之學生。

第 3 條

教育部應建置「**主管教育行政機關通報系統**」（簡稱通報系統），供學生就讀學校、轉出學校或新生未就學學校辦理通報及協尋。

學生有前條第一項各款情形之一者，其通報程序如下：

1. 學校應至通報系統辦理通報，並應將該學生檔案資料傳送通報系統列管，由通報系統交換至「**內政部警政署**」。

2. 本辦法所定學生之通報、協尋及協助復學，至其「**滿十五歲**」之該學
   年度結束爲止。

《教育部國民及學前教育署執行強迫入學條例作業要點》

一、目的

　　教育部「**國民及學前教育署**」為落實強迫入學條例及其施行細則之相關規定，以保障學生之「**受教權**」，特訂定本要點。

二、目標

　　本要點之規定，係為達成下列目標：

(一) 提供落實「**國民小學、國民中學**」強迫入學作業之處理流程。

(二) 具體規範學校強迫入學工作之執行內容。

(三) 充分掌握中途輟學學生動向，提高學校「**就學率**」。

(四) 定期評估強迫入學執行作業，有效提升強迫入學執行成果。

⇨ 強迫入學條例及其施行細則適用於國民小學及國民中學，不包括高級中等教育階段。

四、對象依本要點規定執行強迫入學之對象如下

(一) 新生未報到者。

(二) 新生未就學者。

(三) 轉出未轉入者。

(四) 中途輟學或長期缺課者。

(五) 其他原因失學者。

《高級中等學校中途離校學生預防追蹤及復學輔導實施要點》

一、教育部為維護學生「**就學權益**」，協助直轄市、縣（市）政府、高級中等學校依兒童權利公約施行法第四條、學生輔導法第七條第三項及第四項規定，辦理中途離校學生之預防、追蹤及復學輔導事項，特訂定本要點。

二、本要點用詞，定義如下：

(一)「**中途離校學生**」：指有下列情形之一之學校學生：

1. 未經請假或不明原因未到校上課連續「**達三日**」以上，包括高級中等學校學生學籍管理辦法第十七條第二項視為「**休學**」之學生。

2. 學籍管理辦法之休學學生。

⇨ 《高級中等學校學生學籍管理辦法》第十七條：1. 學生因故得向學校申請休學，經輔導並審查通過者，發給休學證明書。2. 學生於開學日後，無故連續未到校「**超過七日**」，並經通知而未於期限內回校辦理請假、轉學或放棄學籍者，視為休學，學校應附具理由通知學生及其法定代理人。3. 休學每次以「**一學年**」為期，並以「**二次**」為限。

⇨ 高級中等學校學生未經請假或不明原因未到校上課連續「**達三日**」以上稱為中途離校學生（中離生），而非中途輟學學生（中輟生）。

(二)「**長期缺課學生**」

1. 日間部：指高級中等學校學生學習評量辦法所定，全學期缺課節數達修習「**總節數二分之一**」，或曠課累積達「**四十二節**」之學生。

2. 進修部：指高級中等學校進修部學生學習評量辦法第二十二條所定，

全學期缺課節數達修習總節數「二分之一」，或曠課累積達「三十六節」之學生。

五、學校應自學生中途離校、長期缺課或轉學事實發生，或復學之日起「三日內」，完成通報作業。

前項「中途離校學生」之「通報」、「追蹤」及「輔導」期間，自通報之日起，至學生「成年」止。

十二、學校對中途離校學生復學後不適應一般學校教育課程者，應規劃「多元教育輔導」措施，融入藥物濫用防制、性別平等、性剝削防制、網路安全、勞動權益及其他相關課程，提供適性教育，避免學生再度中途離校。

⇨ 防制學生藥物濫用，教育部學生事務及特殊教育司建置「防制學生藥物濫用資源網」有相關法令計畫、要點及資源教材，相關法令如《教育部補助辦理校園安全維護暨防制學生藥物濫用活動要點》。學校「春暉專案」在於防制、輔導學生濫用藥物，協助脫離毒品危害。

《原住民族教育法》

第 1 條

　　根據憲法增修條文第十條之規定，政府應依原住民之民族意願，保障原住民族教育之權利，培育原住民族所需人才，以利原住民族發展，特制定本法。

第 2 條

1. 原住民族教育，應以維護民族尊嚴、延續民族命脈、增進民族福祉及促進族群共榮為目的。
2. 政府應本於「**多元、平等、自主、尊重**」之原則，推動原住民族教育，並優先考量原住民族歷史正義及轉型正義之需求。
3. 「**原住民**」為原住民族教育之主體，原住民個人及原住民族集體之教育權利應予以保障。
4. 各級政府應採「**積極扶助**」之措施，確保原住民接受各級各類教育之機會均等，並建立符合原住民族需求之教育體系。

⇨ 《原住民族教育法施行細則》第十四條：高中以學校開設原住民族語文課程時，應充分應用以「原住民族文化」為導向之內容，視需要結合部落耆老共同教學，鼓勵家庭與部落全面參與。

第 4 條

1. 本法用詞，定義如下：
   (1) 原住民族教育：指原住民族之一般教育及民族教育之統稱。

(2) 民族教育：指依原住民族文化特性，對原住民學生所實施之民族知識教育。

(3) 一般教育：指前款民族教育外，對原住民學生所實施之一般性質教育。

(4) 原住民族學校：指以原住民族知識體系為主，依該民族教育哲學與目標實施教育之學校。

(5) 原住民重點學校：指原住民學生達一定人數或比率之高級中等以下學校。

(6) 原住民教育班：指為原住民學生教育需要，於一般學校中開設之班級。

(7) 原住民族教育師資：指於原住民族學校、原住民重點學校或原住民教育班擔任原住民族教育課程教學之師資。

⇨ 《原住民族教育法施行細則》第四條：1. 本法第四條第一項第五款所定「原住民重點學校」，由高級中等以下學校各該教育主管機關，依下列規定認定之：(1) 在原住民族地區，該校原住民學生人數達學生總數「三分之一」以上者。(2) 在非原住民族地區，該校原住民學生人數達「一百人」以上或達學生總數「三分之一」以上者。2. 前項認定，應「每三學年」重新認定一次。

第 7 條

1.「中央教育主管機關」（教育部）與「中央原住民族主管機關」應共同召開「原住民族教育政策會」，進行下列原住民族教育政策規劃之諮詢：

(1) 原住民族教育體系。

(2) 建構原住民族知識體系中長程計畫。

(3) 原住民族教育發展計畫。

2. 前項政策會委員組成，具原住民身分者不得少於「二分之一」，並應兼顧族群比率；任一性別委員人數不得少於委員總數「三分之一」。

第 8 條

1. 直轄市及所轄區域內有原住民族地區或原住民重點學校之縣（市），地方政府應召開直轄市、縣（市）**「原住民族教育審議會」**，進行地方原住民族教育事項之審議。

2. 前項審議會委員組成，具原住民身分者不得少於「二分之一」，並應兼顧族群比率；任一性別委員人數不得少於委員總數「三分之一」。

第 11 條

中央政府應寬列預算，**「專款」** 辦理原住民族教育；其比率，合計不得少於中央教育主管機關預算總額**「百分之一點九」**，並依其需求逐年成長。

《公立高級中等以下學校教師成績考核辦法》

第 1 條

　　本辦法依高級中等教育法第三十三條及國民教育法第十八條第二項規定訂定之。

第 2 條

　　公立高級中等以下學校編制內專任合格教師之成績考核，依本辦法辦理。

第 4 條

1. 教師之年終成績考核，應按其教學、輔導管教、服務、品德及處理行政等情形，依下列規定辦理：

    (1) 在同一學年度內合於下列條件者，除晉本薪或年功薪一級外，並給與「一個月」薪給總額之一次獎金，已支年功薪最高級者，給與「二個月」薪給總額之一次獎金：

    ① 按課表上課，教法優良，進度適宜，成績卓著。

    ② 輔導管教工作得法，效果良好。

    ③ 服務熱誠，對校務能切實配合。

    ④ 事病假併計在「十四日以下」，並依照規定補課或請人代課。

    ⑤ 品德良好，能作為學生表率。

    ⑥ 專心服務，未違反主管機關有關兼課兼職規定。

    ⑦ 按時上下課，無曠課、曠職紀錄。

⑧ 未受任何刑事、懲戒處分及行政懲處。但受行政懲處而於同一學年度經獎懲相抵者，不在此限。

⇨ 教師考績被評定為甲等。

(2) 在同一學年度內合於下列條件者，除晉本薪或年功薪一級外，並給與「半個月」薪給總額之一次獎金，已支年功薪最高級者，給與「一個半」月薪給總額之一次獎金：

① 教學認真，進度適宜。

② 對輔導管教工作能負責盡職。

③ 對校務之配合尚能符合要求。

④ 事病假併計「未超過二十八日」，或因重病住院致病假連續超過二十八日而未達延長病假，並依照規定補課或請人代課。

⑤ 品德無不良紀錄。

⇨ 教師考績被評定為乙等。

(3) 在同一學年度內有下列情形之一者，「留支原薪」：

① 教學成績平常，勉能符合要求。

② 曠課「超過二節」或曠職「累計超過二小時」。

③ 事、病假期間，未依照規定補課或請人代課。

④ 未經學校同意，擅自在外兼課兼職。

⑤ 品德較差，情節尚非重大。

⑥ 因病已達延長病假。

⑦ 事病假「超過二十八日」。

⇨ 教師考績被評定為丙等。

2. 另予成績考核，列前項第一款者，給與一個月薪給總額之一次獎金；列前項第二款者，給與半個月薪給總額之一次獎金；列前項第三款者，不予獎勵。

5. 各學校於辦理教師成績考核時，不得以下列事由，作為成績考核等次之考量因素：

(1) 依法令規定日數所核給之「**家庭照顧假**」、「**生理假**」、「**婚假**」、「**產前假**」、「**娩假**」、「**流產假**」或「**陪產假**」。

(2) 經醫師診斷需安胎休養者，其治療、照護或休養期間請假之日數。

(3) 法令規定核給之哺乳時間、因育嬰減少之工作時間或辦理育嬰留職停薪。

第 10 條

1. 考核會會議時，應有全體委員「**二分之一**」以上出席，出席委員過半數之同意，始得決議。但審議教師年終成績考核、另予成績考核及記大功、大過之平時考核時，應有全體委員「**三分之二**」以上出席，出席委員過半數之同意，始得決議。

《高級中等以下學校教師評審委員會設置辦法》

第 1 條

本辦法依「**教師法**」第九條第四項規定訂定之。

第 2 條

1. 高級中等以下學校教師評審委員會之任務如下：

   (1) 教師初聘、續聘及長期聘任之審查。

   (2) 教師長期聘任聘期之訂定。

   (3) 教師解聘、不續聘、停聘及資遣之審議。

   (4) 教師違反本法規定之義務及聘約之審議。

   (5) 其他依法令應經本會審議之事項。

2. 本會辦理前項第一款教師「**初聘**」之審查時，應以「**公開甄選**」或「**現職教師介聘**」方式為之。辦理公開甄選時，得經本會決議成立甄選委員會、聯合數校或委託主管機關辦理。

第 3 條

1. 本會置委員五人至十九人，其組成方式如下：

   (1) 當然委員：

   ① 校長一人。校長因故出缺時，以代理校長擔任。

   ② 家長會代表一人。

   ③ 學校教師會代表一人。跨校、跨區（鄉、鎮）合併成立之學校教師會，以該教師會選（推）舉之各該校代表擔任；尚未成立學校

教師會者，不置教師會代表。

(2) 選舉委員：由全體專任教師選（推）舉之。

2. 本會委員中未兼行政或董事之教師，不得少於委員總額「二分之一」。但學校未兼行政或董事之教師員額少於委員總額二分之一者，不在此限。

3. 本會任一性別委員人數不得少於委員總額「三分之一」。但學校任一性別教師人數少於委員總額三分之一者，不在此限。

第 4 條

1. 本會委員任期「一年」，自「九月一日起至翌年八月三十一日止」，連選得連任。

⇨　國民中小學之學年度從八月一日起至隔年七月三十一日止。

2. 遞補之候補委員或補選（推）舉產生之委員，其任期均至原任期屆滿之日止。

3. 本會委員應親自出席會議。

4. 選舉委員於任期中經本會認定無故缺席達二次或因故無法執行職務者，解除其委員職務。

第 7 條

1. 本會由校長召集；經全體委員「二分之一」以上連署召集時，校長應自受請求後「五日內」召集；校長不召集時，得由連署委員互推一人召集之。

2. 本會開會時，以「校長」為主席，校長因故無法主持時，由委員互推一人為主席。

第 8 條

1. 本會之決議，除有下列情形之一者外，應經全體委員「二分之一」以上出席及出席委員「二分之一」以上之審議通過：
   (1) 審查教師長期聘任事項，應經全體委員「三分之二」以上出席及全體委員「三分之二」以上之審議通過。
   (2) 本法第十四條至第十六條、第十八條或相關法規另有規定。

第 10 條

1. 本會委員均為「**無給職**」。
2. 學校教師執行本會委員職務時，該校應核予公假，所遺課務由學校遴聘合格人員代課。

《教育經費之編列與管理法》

第 1 條

1. 為維護教育健全發展之需要，提升教育經費運用績效，特依「**教育基本法**」第五條第二項之規定制定本法。

2. 教育經費之編列與管理，依本法之規定。本法未規定者，依其他法律之規定。

第 2 條

1. 本法所稱教育經費，指中央及地方主管教育行政機關與所屬教育機構、公立學校，由「**政府**」編列預算，用於教育之經費。

2. 本法所稱主管教育行政機關：在中央為教育部；在直轄市為直轄市政府「**教育局**」；在縣（市）為縣（市）政府。

第 4 條

1. 直轄市、縣（市）政府應依憲法增修條文第十條第十項規定，優先編列「**國民教育**」經費。

第 5 條

　　為兼顧各地區教育之均衡發展，各級政府對於「**偏遠**」及「**特殊地區教育**」經費之補助，應依據教育基本法之規定優先編列。

第 9 條

1. 「行政院」應設「教育經費基準委員會」，其任務如下：

　(1) 教育經費計算基準之研訂。

　(2) 各級政府之教育經費基本需求之計算。

　(3) 各級政府之教育經費應分擔數額之計算。

　　前項委員會，置委員十三人至十七人，由學者、專家、直轄市政府、縣（市）政府、行政院主計總處、財政部、中央主管教育行政機關及相關機關代表組成，其中學者及專家人數不得少於委員總數「三分之一」；其組織及會議等相關事項，由行政院定之。

⇨　行政院設置之「教育經費基準委員會」共有委員十五人，委員會中學者及專家人數至少需要有多少位？〔15×1/3 = 5 位以上〕

《政府採購法》

第 1 條

　爲建立政府採購制度，依公平、公開之採購程序，提升採購效率與功能，確保採購品質，爰制定本法。

第 7 條

1. 本法所稱工程，指在地面上下新建、增建、改建、修建、拆除構造物與其所屬設備及改變自然環境之行爲，包括建築、土木、水利、環境、交通、機械、電氣、化工及其他經主管機關認定之工程。
2. 本法所稱財物，指各種物品（生鮮農漁產品除外）、材料、設備、機具與其他動產、不動產、權利及其他經主管機關認定之財物。
3. 本法所稱勞務，指專業服務、技術服務、資訊服務、研究發展、營運管理、維修、訓練、勞力及其他經主管機關認定之勞務。
4. 採購兼有工程、財物、勞務二種以上性質，難以認定其歸屬者，按其性質所占預算金額比率最高者歸屬之。

第 18 條

1. 採購之招標方式，分爲公開招標、選擇性招標及限制性招標。
2. 「公開招標」，指以公告方式邀請不特定廠商投標。
3. 「選擇性招標」，指以公告方式預先依一定資格條件辦理廠商資格審查後，再行邀請符合資格之廠商投標。
4. 「限制性招標」，指不經公告程序，邀請二家以上廠商比價或僅邀請一家廠商議價。

⇨ 《中央機關未達公告金額採購招標辦法》第五條：公告金額十分之一以下採購之招標，得不經公告程序，逕洽廠商採購，免提供報價或企劃書。

《政府採購法》第十三條第三項所稱公告金額：工程、財物及勞務採購均為新臺幣一百萬元。民國一百一十二年之前採購金額在十萬元以上，必須上網公告並採公開招標方式。

⇨ 行政院公共工程委員會修正訂定查核金額、公告金額及中央機關小額採購金額，自中華民國一百一十二年一月一日起生效：1.查核金額：工程及財物採購為新臺幣五千萬元；勞務採購為新臺幣一千萬元。2.公告金額：工程、財務及勞務採購為新臺幣一百五十萬元。3.中央機關小額採購金額為新臺幣十五萬元（字號：工程企字第1110100798號，日期：中華民國一百一十一年十二月二十三日）。一百一十二年一月一日起採購金額在十五萬元以上，必須上網公告並採公開招標方式。

《特殊教育法》

第 1 條

為使身心障礙及資賦優異之國民，均有接受適性教育之權利，充分發展身心潛能，培養健全人格，增進服務社會能力，特制定本法。

第 6 條

1. 各級主管機關應設特殊教育學生鑑定及就學輔導會。
2. 鑑輔會成員中，教育行政人員及學校行政人員代表人數合計不得「**超過半數**」，單一性別人數不得少於「**三分之一**」。
3. 辦理身心障礙學生鑑定及安置工作召開會議時，應通知有關之學生家長列席，該家長並得邀請相關專業人員列席。

第 7 條

2. 承辦特殊教育業務人員及特殊教育學校之主管人員，應進用具特殊教育相關專業者。
3. 前項具特殊教育相關專業，指修習特殊教育學分「**三學分**」以上者。

第 9 條

1. 各級政府應從寬編列特殊教育預算，在中央政府不得低於當年度教育主管預算「**百分之四·五**」；在地方政府不得低於當年度教育主管預算「**百分之五**」。
2. 地方政府編列預算時，應優先辦理「**身心障礙教育**」。

第 18 條

　特殊教育與相關服務措施之提供及設施之設置，應符合「**適性化**」、「**個別化**」、「**社區化**」、「**無障礙**」及「**融合**」之精神。

第 22 條

1. 各級學校及試務單位不得以身心障礙為由，拒絕學生入學或應試。

第 25 條

1. 各級主管機關或私人為辦理高級中等以下各教育階段之身心障礙學生教育，得設立特殊教育學校；特殊教育學校之設立，應以「**小班、小校**」為原則，並以招收「**重度**」及「**多重障礙**」學生為優先，各直轄市、縣（市）應至少設有「**一所特殊教育學校**」（分校或班），每校並得設置多個校區；特殊教育班之設立，應力求普及，符合社區化之精神。
2. 啟聰學校以招收聽覺障礙學生為主；啟明學校以招收視覺障礙學生為主。

第 28 條

　高級中等以下各教育階段學校，應以團隊合作方式對「**身心障礙**」學生訂定「**個別化教育計畫**」〔IEP〕，訂定時應邀請身心障礙學生家長參與，必要時家長得邀請相關人員陪同參與。

第 35 條

　　學前教育階段及高級中等以下各教育階段學校資賦優異教育之實施，依下列方式辦理：

1. 學前教育階段：採特殊教育方案辦理。
2. 國民教育階段：採分散式資源班、巡迴輔導班、特殊教育方案辦理。

第 47 條

1. 高級中等以下各教育階段學校辦理特殊教育之成效，主管機關應至少「每四年」辦理一次評鑑，或依學校評鑑週期併同辦理。

《教師請假規則》

第 2 條

　　本規則於公立及已立案之私立學校編制內，按月支給待遇，並依法取得教師資格之專任教師適用之。

第 3 條

1. 教師之請假，依下列規定：

   (1) 因事得請事假，每學年**「准給七日」**。事假及家庭照顧假合計超過七日者，應按日扣除薪給，其所遺課務代理費用應由學校支付。

   (2) 因疾病或經醫師診斷需安胎休養者，其治療或休養期間，得請病假，每學年**「准給二十八日」**；其超過規定日數者，以事假抵銷，並依下列規定辦理：

   ① 女性教師因生理日致工作有困難者，每月得請生理假一日，全學年請假日數**「未逾三日」**，不併入病假計算，其餘日數併入病假計算。

   ② 患重病非短時間所能治癒或因安胎經醫師診斷確有需要請假休養者，依規定核給之病假、事假及休假均請畢後，經學校核准得延長；其延長期間自第一次請延長病假之首日起算，二年內合併計算**「不得超過一年」**，但銷假上班一年以上者，其延長病假得重行起算。

   (3) 因結婚者，給**「婚假十四日」**，應自結婚登記之日前十日起三個月內請畢。但因特殊事由經學校核准者，得於一年內請畢。

   (4) 因懷孕者，於分娩前，給**「產前假八日」**，得分次申請，不得保留至分娩後；於分娩後，給娩假**「四十二日」**。

(6) 因父母、配偶死亡者，給「**喪假十五日**」；繼父母、配偶之父母、子女死亡者，給「**喪假十日**」。喪假得分次申請，並應於死亡之日起「**百日內**」請畢。

第 4 條

1. 教師有下列各款情事之一者，給予公假。其期間由學校視實際需要定之：

(6) 因執行職務或上下班途中發生危險以致傷病，必須休養或療治，其期間在「**二年以內**」。

(10) 教師從事進修、研究等專業發展，其公假依教師進修研究等專業發展辦法規定辦理；兼任行政職務教師寒暑假期間從事進修、研究等專業發展之公假時數，「**得不受每週八小時**」之限制。

第 5 條

2. 前項教師自留職停薪之日起已逾一年仍未痊癒，應依法辦理退休或資遣。但留職停薪係因執行職務且情況特殊者，得由學校審酌延長之；其延長「**以一年**」為限。

第 8 條

1. 公立中小學教師兼任行政職務者，應給予休假，其專任教師年資得併計核給，服務年資滿一學年者，自第二學年起，每學年應給「**休假七日**」；服務滿三學年者，自第四學年起，每學年應給「**休假十四日**」；滿六學年者，自第七學年起，每學年應給「**休假二十一日**」；滿九學年者，自第十學年起，每學年應給「**休假二十八日**」；滿十四學年者，自第十五學年起，每學年應給「**休假三十日**」。

第 12 條

1. 公立中小學未兼任行政職務教師於學生寒暑假期間，除返校服務、進修研究等專業發展活動及配合災害防救所需之日外，得不必到校。

《國民中學與國民小學實施校長及教師公開授課參考原則》

二、依本原則規定應進行公開授課之人員（簡稱授課人員）如下：

(一) 依教育人員任用條例任用、聘任之現職國民中、小學校長、授課專任教師及兼任行政職務專任教師。

(二) 依中小學兼任代課及代理教師聘任辦法聘任，聘期為「三個月以上」之代課、代理教師。

三、下列人員有意願公開授課者，視同授課人員：

(一) 依中小學兼任代課及代理教師聘任辦法聘任之兼任教師。

(二) 依中小學兼任代課及代理教師聘任辦法聘任，聘期不足三個月之代課、代理教師。

四、授課人員應在服務學校，**「每學年至少公開授課一次」**，並以**「校內教師」**觀課為原則。

五、授課人員於公開授課前，應共同規劃；其規劃事項，得包括共同備課、接受教學觀察及專業回饋；觀課人員，以全程參與為原則。

六、公開授課之實施方式如下：

(一) 公開授課時間，每次**「以一節」**為原則，並得視課程需要增加節數。

(二) 共同備課，得於公開授課前，與各教學研究會、年級或年段會議合併辦理；並得於專業學習社群辦理。

(三) 教學觀察時，授課人員得提出教學活動設計或教學媒體，供觀課教師參考；學校得提供觀課教師紀錄表件，以利專業回饋之進行。

(四) 專業回饋，得由授課人員及觀課教師於公開授課後，就該公開授課之**「學生課堂學習情形」**及**「教學觀察結果」**，進行研討。

《國家語言發展法》

　　本法第九條第二項規定於十二年國民基本教育課程綱要總綱自國民小學、國民中學及高級中等學校一年級開始實施後三年施行。

第 1 條

1. 為尊重國家多元文化之精神，促進國家語言之傳承、復振及發展，特制定本法。
2. 國家語言之傳承、復振及發展，除其他法律另有規定外，依本法之規定。

第 2 條

1. 本法所稱主管機關：在中央為「**文化部**」；在直轄市為直轄市政府；在縣（市）為縣（市）政府。

第 3 條

　　本法所稱國家語言，指臺灣各「**固有族群**」使用之「**自然語言**」及「**臺灣手語**」。

⇨ 本土語文課程包含閩南語文、客語文、原住民族語文、閩東語文及其他具有傳承危機之國家語言。

第 4 條

國家語言一律平等，國民使用國家語言應不受歧視或限制。

第 5 條

中央主管機關應定期召開國家語言發展會議，研議、協調及推展國家語言發展事務。

第 9 條

2. 中央教育主管機關應於國民基本教育各階段，將國家語言列為「部定課程」。

3. 學校教育得使用「各國家語言」為之。

⇨ 《國家語言發展法施行細則》第四條：中央主管機關依本法第五條辦理國家語言發展會議（語發會議），得以全國及分區之論壇、座談會或其他會議形式辦理，並以「二年」召開一次為原則，必要時得召開臨時會議。

《學生輔導法》

第 1 條

1. 為促進與維護學生「**身心健康及全人發展**」，並健全學生輔導工作，特制定本法。

第 2 條

1. 本法所稱主管機關：在中央為「**教育部**」；在直轄市為「**直轄市政府**」；在縣（市）為「**縣（市）政府**」。

第 3 條

1. 本法用詞，定義如下：
   (1) 學校：指公私立各級學校。但不包括矯正學校。
   (2) 輔導教師：指符合高級中等以下學校輔導教師資格，依法令任用於高級中等以下學校從事「**學生輔導工作者**」。
   (3) 專業輔導人員：指具有「**臨床心理師**」、「**諮商心理師**」或「**社會工作師**」證書，由主管機關或學校依法進用，從事學生輔導工作者。

第 4 條

2. 高級中等以下學校主管機關應設「**學生輔導諮商中心**」，其任務如下：
   (1) 提供學生心理評估、輔導諮商及資源轉介服務。
   (2) 支援學校輔導嚴重適應困難及行為偏差之學生。
   (3) 支援學校嚴重個案之轉介及轉銜服務。

(4) 支援學校教師及學生家長專業諮詢服務。

(5) 支援學校辦理個案研討會議。

(6) 支援學校處理危機事件之心理諮商工作。

(7) 進行成果評估及嚴重個案追蹤管理。

(8) 協調與整合社區諮商及輔導資源。

(9) 協助辦理專業輔導人員與輔導教師之研習與督導工作。

(10) 統整並督導學校適性輔導工作之推動。

(11) 其他與學生輔導相關事宜。

第 5 條

1. 各級主管機關為促進學生輔導工作發展，應召開「學生輔導諮詢會」，其任務如下：

   (1) 提供有關學生輔導政策及法規興革之意見。

   (2)「協調」所主管學校、有關機關（構）推展學生輔導相關工作之事項。

   (3)「研議實施學生輔導措施之發展方向」。

   (4) 提供學生輔導相關工作推展策略、方案、計畫等事項之意見。

   (5) 提供學生輔導課程、教材、活動之規劃、研發等事項之意見。

   (6)「協調」各目的事業主管機關，並結合民間資源，共同推動學生輔導工作。

   (7) 其他有關推展學生輔導相關工作之諮詢事項。

2. 前項諮詢會置召集人一人，由各級主管機關首長擔任，其餘委員由各級主管機關首長就學者專家（應包括精神科醫師）、教育行政人員、學校行政人員（應包括輔導主任）、教師代表（應包括輔導教師）、家長代表、相關專業輔導人員、相關機關（構）或專業團體代表聘兼之；「教育行政人員及學校行政人員」代表人數合計不得超過委員總額之「二分之一」，任一性別委員人數不得少於委員總額「三分之一」。

第 6 條

1. 學校應視學生身心狀況及需求，提供「**發展性輔導**」、「**介入性輔導**」或「**處遇性輔導**」之三級輔導。

2. 前項所定三級輔導之內容如下：

(1)「**發展性輔導**」：為促進學生心理健康、社會適應及適性發展，針對「**全校學生**」，訂定學校輔導工作計畫，實施「**生活輔導**」、「**學習輔導**」及「**生涯輔導**」相關措施。

(2)「**介入性輔導**」：針對經前款發展性輔導仍無法有效滿足其需求，或適應欠佳、重複發生問題行為，或遭受重大創傷經驗等學生，依其「**個別化需求**」訂定輔導方案或計畫，提供諮詢、個別諮商及小團體輔導等措施，並提供評估轉介機制，進行個案管理及輔導。

(3)「**處遇性輔導**」：針對經前款介入性輔導仍無法有效協助，或嚴重適應困難、行為偏差，或重大違規行為等學生，配合其特殊需求，結合心理治療、社會工作、家庭輔導、職能治療、法律服務、精神醫療等各類專業服務。

第 7 條

1. 學校「**校長**」、「**教師**」及「**專業輔導人員**」，「**均負**」學生輔導之責任。

2. 學校各行政單位應共同推動及執行前條「**三級輔導**」相關措施，協助前項人員落實其輔導職責，並安排輔導相關課程或活動之實施。

3. 高級中等以下學校之專責單位或專責人員遇有中途輟學、長期缺課、中途離校、身心障礙、特殊境遇、文化或經濟弱勢及其他明顯有輔導需求之學生，應主動提供輔導資源。

4. 學校執行學生輔導工作，必要時，得結合「**學生輔導諮商中心**」、「**特殊教育資源中心**」、「**家庭教育中心**」等資源，並得請求其他相關機

關（構）協助，被請求之機關（構）應予配合。

第 8 條

1. 高級中等以下學校應設學生「**輔導工作委員會**」，其任務如下：
   (1) 統整學校各單位相關資源，訂定學生輔導工作計畫，落實並檢視其實施成果。
   (2) 規劃或辦理學生、教職員工及家長學生輔導工作相關活動。
   (3) 結合學生家長及民間資源，推動學生輔導工作。
   (4) 其他有關學生輔導工作推展事項。

2. 前項學生輔導工作委員會置主任委員一人，由「**校長**」兼任之，其餘委員由校長就學校行政主管、輔導教師或專業輔導人員、教師代表、職員工代表、學生代表及家長代表聘兼之；任一性別委員人數不得少於委員總額「**三分之一**」。但國民中、小學得視實際情況「**免聘學生代表**」。

第 9 條

2. 前項學生輔導資料，學校應指定場所妥善保存，其保存方式、保存時限及銷毀，由中央主管機關定之。

⇨ 根據《學生輔導法施行細則》第十條：本法第九條第二項所定學生輔導資料，學校得以「書面」或「電子儲存媒體」資料保存之，並應自學生畢業或離校後保存「十年」。已逾保存年限之學生輔導資料，學校應定期銷毀，並以「每年一次」為原則。

第 10 條

1. 高級中等以下學校專任輔導教師員額編制如下：

   (1) 國民小學二十四班以下者，置一人，二十五班以上者，每「二十四班」增置一人。

   (2) 國民中學十五班以下者，置一人，十六班以上者，每「十五班」增置一人。

   (3) 高級中等學校十二班以下者，置一人，十三班以上者，每「十二班」增置一人。

第 12 條

1. 學校教師，負責執行「**發展性輔導**」措施，並協助介入性及處遇性輔導措施；高級中等以下學校之輔導教師，並應負責執行「**介入性輔導**」措施。

2. 學校及主管機關所置「**專業輔導人員**」，負責執行「**處遇性輔導**」措施，並協助發展性及介入性輔導措施。

第 13 條

1. 高級中等以下學校應依課程綱要安排輔導相關課程或班級輔導活動，並由各該學科「**專任教師**」或「**輔導教師**」擔任授課。

2. 專任輔導教師「**不得排課**」。但因課務需要教授輔導相關課程者，其教學時數規定，由各該主管機關定之。

第 14 條

2. 高級中等以下學校主管機關應定期辦理初任輔導主任或組長、輔導教師及初聘專業輔導人員「**至少四十小時**」之職前基礎培訓課程。

4. 高級中等以下學校之教師，每年應接受輔導知能在職進修課程「**至少三小時**」；輔導主任或組長、輔導教師及專業輔導人員，每年應接受在職進修課程「**至少十八小時**」；聘用機關或學校應核給公（差）假。

第 19 條

1. 為使各教育階段學生輔導需求得以銜接，學校應提供「**整體性**」與「**持續性**」轉銜輔導及服務；其轉銜輔導及服務之辦法，由中央主管機關定之。

第 20 條

各級主管機關及學校為推動學生輔導工作，應優先編列所需經費，並「**專款專用**」。

第二篇

自我練習題

（　）　1. 根據《教育經費與管理法》的規定，直轄市負責教育經費編列與管理的主管機關是下列哪一個？　(A) 教育部　(B) 財政部　(C) 直轄市教育局　(D) 直轄市財政局

（　）　2. 根據《教育部訂定教師輔導與管教學生辦法注意事項》規定，教師採行之輔導與管教措施，應與學生違規行為之情節輕重相當，採取之措施應有助於目的之達成，此種原則之內涵為下列何者？　(A) 平等原則　(B) 比例原則　(C) 目標導向原則　(D) 均衡原則

（　）　3. 依《憲法增修條文》規定，教育、科學、文化之經費，尤其何種經費應優先編列，不受《憲法》第一百六十四條規定之限制？　(A) 原住民教育　(B) 國民教育　(C) 幼兒教育　(D) 特殊教育

（　）　4. 下列哪一項是《憲法》與《教育基本法》二個法規規定中相同的範疇？　(A) 教育機會的均等　(B) 教育審議會設置　(C) 課程基準的訂定　(D) 家長教育選擇權

（　）　5. 《教育基本法》規定，直轄市及縣市政府應設教育審議委員會，請問教育審議委員會負責主管教育事務是哪些面向的任務？　(A) 審議、諮詢、協調、評鑑　(B) 審議、視導、協助、評鑑　(C) 審議、諮詢、視導、評鑑　(D) 審議、諮詢、輔導、評鑑

（　）　6. 為維護教育健全發展之需要，提升教育經費運用績效，依《教育基本法》第五條所訂定的法律名稱為下列何者？　(A) 教育經費預算與分配法　(B) 教育經費編列與管理法　(C) 教育經費編置與運用法　(D) 教育經費基準與分配法

（　）　7. 國民教育階段，地方教育經費支出最多的項目是下列哪一項？　(A) 建築費　(B) 人事費　(C) 設備費　(D) 水電費

（　）　8. 依《教育經費編列與管理法》規定，教育經費基準委員會由下列哪一個單位或機關設立？　(A) 教育部　(B) 行政院　(C) 教育局（／處）　(D) 財政部

（　）　9. 依《國民教育法》規定，國中小學及國民中學學生的學籍資料應以書面或電子方式切實記錄，並需保存多久？　(A) 十年　(B) 十五年　(C) 二十年　(D) 永久保存

（　　）10. 依《國民教育法》規定，國民小學及國民中學之課程，應以民族精神教育及國民生活教育為中心，學生身心健全發展為目標，並注重其何特性？　(A) 獨立性　(B) 連貫性　(C) 完整性　(D) 長遠性

（　　）11. 《教師法》公布實施後，中等以下學校教師之聘用除依法令分發者外，必須經由學校何種組織審議通過？　(A) 學校教師會　(B) 教師評審委員會　(C) 學校行政會議　(D) 學校校務會議

（　　）12. 根據規定，國民中小學學校訂定「校規」時應經下列何種會議通過？　(A) 教師評審委員會　(B) 學校行政會議　(C) 學校家長會議　(D) 學校校務會議

（　　）13. 根據《國民教育法》，國民小學及國民中學各置校長一人，綜理校務，應為專任，並採任期制，校長任期一任為多少年？　(A) 三年　(B) 四年　(C) 五年　(D) 六年

（　　）14. 為保障學生學習權，高中階段可辦理非學校型態之實驗教育，但總招生名額以一百二十五人名為限，且生師比不得高於多少？　(A) 十比一　(B) 八比一　(C) 六比一　(D) 五比一

（　　）15. 根據《特殊教育法》規定，各級政府應從寬編列特殊教育預算，特殊教育經費在中央政府不得低於當年度教育主管預算的多少？　(A) 3%　(B) 4%　(C) 4.5%　(D) 5%

（　　）16. 下列哪一類特殊學生在接受特殊教育過程中，教師不需要為其設計個別化教育計畫（Individualized Education Program; [IEP]）？　(A) 智能障礙　(B) 學習障礙　(C) 一般智能優異　(D) 語言障礙

（　　）17. 根據《特殊教育法施行細則》，身心障礙學生個別化教育計畫，學校應於新生及轉學生入學後多久內訂定？　(A) 一個月　(B) 二個月　(C) 三個月　(D) 開學前

（　　）18. 依政府《採購法規定》，從民國一一二年起學校採購多少金額以上要上網公告並公開招標？　(A) 五萬元以上　(B) 十萬元以上　(C) 十五萬元以上　(D) 二十萬元以上

（　　）19. 根據《國民教育法實施細則》第十四條規定，下列何項業務不歸

屬於總務處？　(A) 事務事項　(B) 文書業務　(C) 出納業務
(D) 教學設備

(　) 20. 根據《國民教育法》，縣（市）立國民中、小學校長，由縣（市）政府組織遴選委員會就公開甄選、儲訓之合格人員、任期屆滿或連任任期已達二分之一以上之現職校長或曾任校長人員中遴選後聘任之。假如校長遴選委員會有二十五人，依照規定家長會代表人數至少要有多少？　(A) 三人　(B) 四人　(C) 五人　(D) 六人

(　) 21. 根據《師資培育法》規定，通過教師資格考試且依中小學兼任代課及代理教師聘任辦法聘任之代理教師，通過教師資格考試後七年內於偏遠地區之學校任教幾學年以上，經評定成績及格，得抵免修習教育實習？　(A) 一學年以上　(B) 二學年以上　(C) 三學年以上　(D) 四學年以上

(　) 22. 根據《教師法》規定，中等以下學校教師之教師資格取得採用何種方式？　(A) 審定制　(B) 審查制　(C) 檢核制　(D) 檢定制

(　) 23. 根據《教師待遇條例》，高級中等以下學校教師之薪級，根據何種標準敘定？　(A) 級別及學經歷　(B) 級別及年資　(C) 學經歷及年資　(D) 職務別及學經歷

(　) 24. 根據《教師待遇條例》，初任的中小學教師的薪級起敘是根據下列何種準則？　(A) 學歷　(B) 級別　(C) 職務　(D) 教育階段別

(　) 25. 根據《師資培育法》規定，師資職前教育課程中為培育教師人文博雅教育志業精神之共同課程稱為何種課程？　(A) 教育專業課程　(B) 普通課程　(C) 專門課程　(D) 人文課程

(　) 26. 根據《師資培育法》規定，通過教師資格考試後半年全時教育實習範疇主要有四大面向，這四大面向為何？　(A) 教學實習、行政實習、導師實習、研習活動實習　(B) 行政實習、學習扶助實習、導師實習、研習活動實習　(C) 教學實習、融合教育實習、級務實習、研習活動實習　(D) 教學實習、行政實習、導師實習、學習扶助實習

(　) 27. 有教育憲法（或准教育憲法）之稱的法規，指的是下列何者？

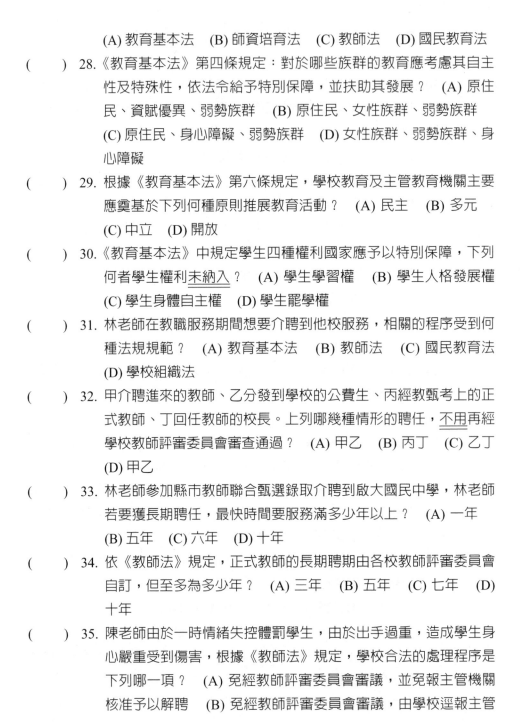

(A) 教育基本法　(B) 師資培育法　(C) 教師法　(D) 國民教育法

(　　) 28. 《教育基本法》第四條規定：對於哪些族群的教育應考慮其自主性及特殊性，依法令給予特別保障，並扶助其發展？　(A) 原住民、資賦優異、弱勢族群　(B) 原住民、女性族群、弱勢族群　(C) 原住民、身心障礙、弱勢族群　(D) 女性族群、弱勢族群、身心障礙

(　　) 29. 根據《教育基本法》第六條規定，學校教育及主管教育機關主要應奠基於下列何種原則推展教育活動？　(A) 民主　(B) 多元　(C) 中立　(D) 開放

(　　) 30. 《教育基本法》中規定學生四種權利國家應予以特別保障，下列何者學生權利未納入？　(A) 學生學習權　(B) 學生人格發展權　(C) 學生身體自主權　(D) 學生罷學權

(　　) 31. 林老師在教職服務期間想要介聘到他校服務，相關的程序受到何種法規規範？　(A) 教育基本法　(B) 教師法　(C) 國民教育法　(D) 學校組織法

(　　) 32. 甲介聘進來的教師、乙分發到學校的公費生、丙經教甄考上的正式教師、丁回任教師的校長。上列哪幾種情形的聘任，不用再經學校教師評審委員會審查通過？　(A) 甲乙　(B) 丙丁　(C) 乙丁　(D) 甲乙

(　　) 33. 林老師參加縣市教師聯合甄選錄取介聘到啟大國民中學，林老師若要獲長期聘任，最快時間要服務滿多少年以上？　(A) 一年　(B) 五年　(C) 六年　(D) 十年

(　　) 34. 依《教師法》規定，正式教師的長期聘期由各校教師評審委員會自訂，但至多為多少年？　(A) 三年　(B) 五年　(C) 七年　(D) 十年

(　　) 35. 陳老師由於一時情緒失控體罰學生，由於出手過重，造成學生身心嚴重受到傷害，根據《教師法》規定，學校合法的處理程序是下列哪一項？　(A) 免經教師評審委員會審議，並免報主管機關核准予以解聘　(B) 免經教師評審委員會審議，由學校逕報主管

機關核准後予以解聘　(C) 應經教師評審委員會委員三分之二以上出席及出席委員二分之一以上之審議通過，並報主管機關核准後予以解聘　(D) 應經教師評審委員會委員三分之二以上出席及出席委員三分之二以上之審議通過，並報主管機關核准後予以解聘。

(　　) 36. 知悉服務學校發生疑似校園性侵害事件，末依《性別平等教育法》規定通報，致再度發生校園性侵害事件，依《教師法》規定：應經教師評審委員會委員三分之二以上出席，出席委員多少以上之審議通過，報請主管機關核准後可予以解聘？　(A) 三分之一　(B) 三分之二　(C) 二分之一　(D) 二分之二

(　　) 37. 依《教師法》第二十七條規定：現職工作不適任且無其他工作可調任；或經中央衛生主管機關評鑑合格之醫院證明身體衰弱不能勝任工作。經教師評審委員會審議通過，並報主管機關核准後，學校作何處理？　(A) 資遣　(B) 停聘　(C) 不續聘　(D) 解聘

(　　) 38. 教師接受聘任後應遵守法令履行聘約外，並負有義務，依《教師法》第三十二條規定範疇，下列何者非教師義務事項？　(A) 輔導或管教學生，導引適性發展　(B) 積極維護學生的受教權　(C) 擔任班級導師　(D) 兼任學校行政

(　　) 39. 依《教師法》規定教師申訴評議委員會成員中，末兼行政職務的教師人數不得少於全部委員總數的多少？　(A) 二分之一　(B) 三分之一　(C) 三分之二　(D) 四分之一

(　　) 40. 依據《校園霸凌防制準則》，校長及教職員工知有疑似校園霸凌事件時，均應立即按學校校園霸凌防制規定所定權責向權責人員通報，並由學校權責人員向學校主管機關通報，至遲不得超過多久時間？　(A) 不得超過十二小時　(B) 不得超過二十四小時　(C) 不得超過三十六小時　(D) 不得超過四十八小時

(　　) 41. 根據《校園霸凌防制準則》，調查學校接獲申請調查或檢舉疑似校園霸凌事件時，最慢應於多久時間內以書面通知申請人或檢舉人是否受理？　(A) 二十日內　(B) 一個月內　(C) 二個月內

(D) 三個月內

( ) 42. 根據《校園霸凌防制準則》，下列何者為準則中所界定的「校園霸凌事件」？ (A) 霸凌者為教師、受害者為教師 (B) 霸凌者為行政人員、受害者為教師 (C) 霸凌者為教師、受害者為行政人員 (D) 霸凌者為教師、受害者為學生

( ) 43. 《少年事件處理法》的標的對象為何種年齡層的學生？ (A) 六歲以上十三歲未滿之人 (B) 十二歲以上十八歲未滿之人 (C) 六歲以上十八歲未滿之人 (D) 十五歲以上十八歲未滿之人

( ) 44. 根據《性別平等教育法》規定，下列何者非《性別平等教育法》立法的主要目的之一？ (A) 消除性別歧視 (B) 維護人格尊嚴 (C) 厚植性別平等教育資源 (D) 促進性別地位形式平等

( ) 45. 根據《性別平等教育法》規定，校園性騷擾事件主要界定為下列哪一種？ (A) 性騷擾者為職員、他方為學生 (B) 性騷擾者為職員、他方為教師 (C) 性騷擾者為教師、他方為職員 (D) 性騷擾者為校長、他方為教師

( ) 46. 大大國民中學根據《性別平等教育法》，成立學校性別平等教育委員會，委員總數十八人，其中女性委員應占多少位以上才合法？ (A) 四人以上 (B) 六人以上 (C) 九人以上 (D) 十二人以上

( ) 47. 大大國民中學根據《性別平等教育法》，成立學校性別平等教育委員會，請問委員會開會期程規定為何？ (A) 每一個月應至少開會一次 (B) 每二個月應至少開會一次 (C) 每個學期應至少開會一次 (D) 每個學年應至少開會一次

( ) 48. 根據《性別平等教育法》，國民中小學除應將性別平等教育融入課程外，每學期應實施性別平等教育相關課程或活動至少多少小時？ (A) 二小時 (B) 四小時 (C) 八小時 (D) 十小時

( ) 49. 根據《性別平等教育法》，學校、主管機關或其他權責機關為性騷擾或性霸凌事件之懲處時，應命行為人接受心理輔導之處置，其中一款包括應接受多少小時的性別平等教育相關課程？

(A) 六小時　(B) 八小時　(C) 十小時　(D) 十八小時

（　）50. 啟大國民小學這學期重新訂定《教師輔導與管教學生辦法》，依規定要有合理比例的學生代表參加，若全體會議人數共有二十人，則學生代表人數至少要有多少人？　(A) 二人　(B) 三人　(C) 四人　(D) 五人

（　）51. 根據《學校訂定教師輔導與管教學生辦法注意事項》，教師應輔導與管教之違法或不當行為中<u>不包括</u>下列哪一項？　(A) 違反依合法程序制定之校規　(B) 妨害班級教學及學校教育活動之正常進行　(C) 危害校園安全　(D) 定期考查各領域／學科成績退步很多

（　）52. 根據《學校訂定教師輔導與管教學生辦法注意事項》，教師在必要情況下，得採取必要之強制措施，下列哪一項不適合教師之強制措施行為？　(A) 學生毀損公物或他人物品時　(B) 學生有自殺或自傷之虞時　(C) 學生攻擊其他教師或學生時　(D) 學生課堂大聲吵鬧干擾教學進行時

（　）53. 為有效協助校園之中輟及高關懷群個案，學校應視需要，開設高關懷課程，高關懷課程編班以抽離式為原則，依學生問題類型之不同，以彈性分組教學模式規劃安排課程，相較之下，下列何種課程的安排較<u>不</u>適切？　(A) 領域學科課程　(B) 學習適應課程　(C) 生活輔導課程　(D) 生涯輔導課程

（　）54. 高級中等以下學校基於校園安全，得訂定相關規定由學務處會同相關人員（家長會代表或教師）進行安全檢查，除被檢查之學生本人必須在場外，也要全程錄影，根據規定錄影資料，學校至少要保存多少年？　(A) 至少一年　(B) 至少三年　(C) 至少五年　(D) 永久保存

（　）55. 根據《學校訂定教師輔導與管教學生辦法注意事項》，課堂中教師發現學生攜帶下列哪個物品可以依規定沒收或沒入？　(A) 化學製劑及危險物品　(B) 一般漫畫書　(C) 明星藝人圖卡　(D) 手機

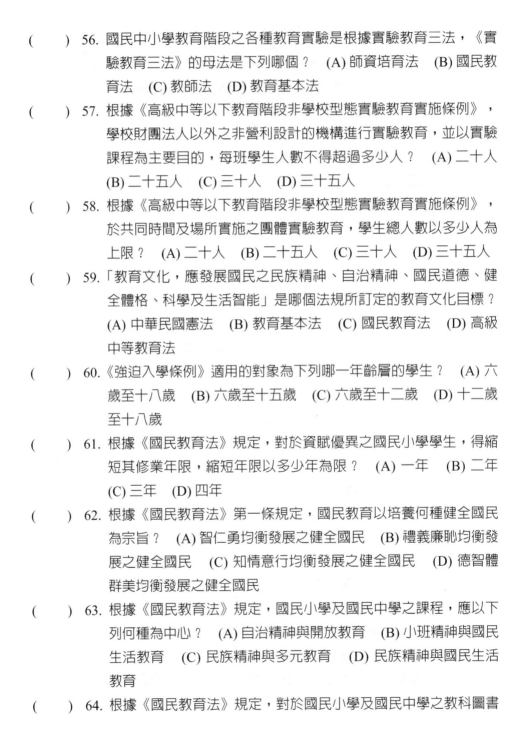

( ) 56. 國民中小學教育階段之各種教育實驗是根據實驗教育三法，《實驗教育三法》的母法是下列哪個？ (A) 師資培育法 (B) 國民教育法 (C) 教師法 (D) 教育基本法

( ) 57. 根據《高級中等以下教育階段非學校型態實驗教育實施條例》，學校財團法人以外之非營利設計的機構進行實驗教育，並以實驗課程為主要目的，每班學生人數不得超過多少人？ (A) 二十人 (B) 二十五人 (C) 三十人 (D) 三十五人

( ) 58. 根據《高級中等以下教育階段非學校型態實驗教育實施條例》，於共同時間及場所實施之團體實驗教育，學生總人數以多少人為上限？ (A) 二十人 (B) 二十五人 (C) 三十人 (D) 三十五人

( ) 59. 「教育文化，應發展國民之民族精神、自治精神、國民道德、健全體格、科學及生活智能」是哪個法規所訂定的教育文化目標？ (A) 中華民國憲法 (B) 教育基本法 (C) 國民教育法 (D) 高級中等教育法

( ) 60. 《強迫入學條例》適用的對象為下列哪一年齡層的學生？ (A) 六歲至十八歲 (B) 六歲至十五歲 (C) 六歲至十二歲 (D) 十二歲至十八歲

( ) 61. 根據《國民教育法》規定，對於資賦優異之國民小學學生，得縮短其修業年限，縮短年限以多少年為限？ (A) 一年 (B) 二年 (C) 三年 (D) 四年

( ) 62. 根據《國民教育法》第一條規定，國民教育以培養何種健全國民為宗旨？ (A) 智仁勇均衡發展之健全國民 (B) 禮義廉恥均衡發展之健全國民 (C) 知情意行均衡發展之健全國民 (D) 德智體群美均衡發展之健全國民

( ) 63. 根據《國民教育法》規定，國民小學及國民中學之課程，應以下列何種為中心？ (A) 自治精神與開放教育 (B) 小班精神與國民生活教育 (C) 民族精神與多元教育 (D) 民族精神與國民生活教育

( ) 64. 根據《國民教育法》規定，對於國民小學及國民中學之教科圖書

有何規範？　(A) 教育部編定，必要時審定　(B) 教育部審定，必要時編定　(C) 國立教育研究院編定，必要時審定　(D) 縣市教育局（處）審定，必要時編定

(　　) 65. 根據《國民教育法》規定，國民小學及國民中學之教科圖書需經學校何種會議訂定辦法並公開選用？　(A) 學校行政會議　(B) 學校教師評審委員會　(C) 學校課程發展委員會　(D) 學校校務會議

(　　) 66. 林校長在大大國民中學已擔任二任校長八年，新學年度的二月一日就達屆齡退休，林校長想續任大大國民中學校長職務至退休日。林校長的續任程序要先經學校何種會議通過？　(A) 學校教師評審委員會　(B) 學校校務會議　(C) 學校行政會議　(D) 學校考績委員會

(　　) 67. 根據《國民小學及國民中學常態編班及分組學習準則》，國中小之分組學習以班級內實施為原則，但國中二年級可以依學生特性，實施年級內之分組學習，此種方式只限用下列何種領域或學科？　(A) 語文、自然領域　(B) 數學、自然領域　(C) 社會、數學領域　(D) 英語、數學領域

(　　) 68. 根據《國民教育法施行細則》規定，國民小學及國民中學之學校班級數以不超過多少班為原則？　(A) 二十四班　(B) 三十六班　(C) 四十八班　(D) 六十班

(　　) 69. 根據《國民教育法施行細則》規定，學校可以代收學生的代辦費，下列何種不是代辦費的費用？　(A) 學費　(B) 教科書書籍費　(C) 午餐費　(D) 家長會費

(　　) 70. 根據《國民教育法施行細則》規定，學齡兒童入學年齡計算是以入學當年度幾月幾日滿六歲者？　(A) 一月一日　(B) 七月一日　(C) 八月一日　(D) 九月一日

(　　) 71. 根據《國民教育法施行細則》規定，學校中的道德教育與生活教育的規劃與推展主要是哪個處室負責？　(A) 教務處　(B) 學生事務處　(C) 總務處　(D) 輔導室

( ) 72. 依據《國民教育法》規定，下列哪一項<u>不是</u>九年國民教育的特徵？ (A) 免試入學 (B) 免收教科書書籍費 (C) 強迫入學 (D) 由政府辦理為原則

( ) 73. 小美國中畢業後就讀家附近的職業學校（高職），根據《高級中等教育法》規定，小美就讀學校的類型是屬於下列哪一種？ (A) 普通型高級中等學校 (B) 職業型高級中等學校 (C) 技術型高級中等學校 (D) 綜合型高級中等學校

( ) 74. 根據《高級中等教育法》規定，現職國民中小學校長符合高級中等校長資格者可參與校長遴選，下列四位校長哪位校長基本條件之資格符合？ (A) 甲校長在現職國中服務滿二年 (B) 乙校長在現職國中服務滿三年 (C) 丙校長在現職國中服務滿五年 (D) 丁校長在現職國中服務滿七年

( ) 75. 根據《高級中等教育法》規定，高級中等學校一級單位主管除哪個處室單位主管得由教師兼任或職員專任外，其餘均由校長就專任教師聘兼之？ (A) 總務單位之主任 (B) 教務單位之主任 (C) 學務單位之主任 (D) 輔導單位之主任

( ) 76. 根據《高級中等教育法》規定，高級中等學校應設校務會議，若校務會議的成員有五十位，則學生代表人數不得少於多少位？ (A) 二位 (B) 三位 (C) 四位 (D) 五位

( ) 77. 根據《高級中等教育法》規定，高級中等學校辦理免試入學，申請入學的比序項目中不得採計下列哪個學生在學時的領域成績？ (A) 藝術領域成績 (B) 綜合活動領域成績 (C) 科技領域成績 (D) 數學領域成績

( ) 78. 根據《教育部國民及學前教育署補助辦理國民小學及國民中學學生學習扶助作業注意事項》，一至九年均得實施學習扶助的領域或學科為下列哪一個？ (A) 國語文、數學、英語文 (B) 國語文、英語文、自然科學 (C) 數學、英語文 (D) 國語文、數學

( ) 79. 根據《教育部國民及學前教育署補助辦理國民小學及國民中學學生學習扶助作業注意事項》，何種條件下，<u>不須</u>全校每位學生均

須參加國語文、數學及英語測驗？　(A) 原住民學生合計占全校學生總人數之百分之四十以上者　(B) 澎湖縣、金門縣、連江縣及綠島鄉等離島地區學校　(C) 偏遠地區學校，其住宿學生總人數占全校學生總人數之百分之三十以上者　(D) 國中教育會考國文、英語、數學三考科任兩科成績「待加強」等級人數（含缺考）超過該校「應考」人數百分之四十之學校

( ) 80. 根據《教育部國民及學前教育署補助辦理國民小學及國民中學學生學習扶助作業注意事項》，學校扶助的開班期別若是在寒假，則每班上課總節數以多少節為限？　(A) 二十節　(B) 三十節　(C) 四十節　(D) 五十節

( ) 81. 根據《教育部國民及學前教育署補助辦理國民小學及國民中學學生學習扶助作業注意事項》，國民小學學校扶助的開班期別若是於學期中之課中實施，則週間未排課之下午至多上多少節為限？　(A) 至多二節為限　(B) 至多三節為限　(C) 至多四節為限　(D) 至多五節為限

( ) 82. 根據《教育部國民及學前教育署補助辦理國民小學及國民中學學生學習扶助作業注意事項》，未取得高級中等以下學校合格教師證書者，想要具備學習扶助師資資格，應接受多少小時的學習扶助師資研習課程？　(A) 八小時　(B) 十八小時　(C) 二十小時　(D) 二十四小時

( ) 83. 教育部篩選國語文、數學、英語文三科目（領域）學習低成就學生，及早即時提供學習扶助的目的中，下列何者不是？　(A) 提升教師的專業素養　(B) 弭平學力間的落差　(C) 確保學生基本學力　(D) 實現社會公平正義

( ) 84. 根據《教育部國民及學前教育署補助辦理國民小學及國民中學學生學習扶助作業要點》，啟大國民中學林老師擔任學校暑假數學領域之學習扶助教師，林老師每節的鐘點費多少？　(A) 三百二十元　(B) 三百六十元　(C) 四百元　(D) 四百五十元

( ) 85. 根據《國民小學及國民中學學生成績評量準則》，領域學習全學

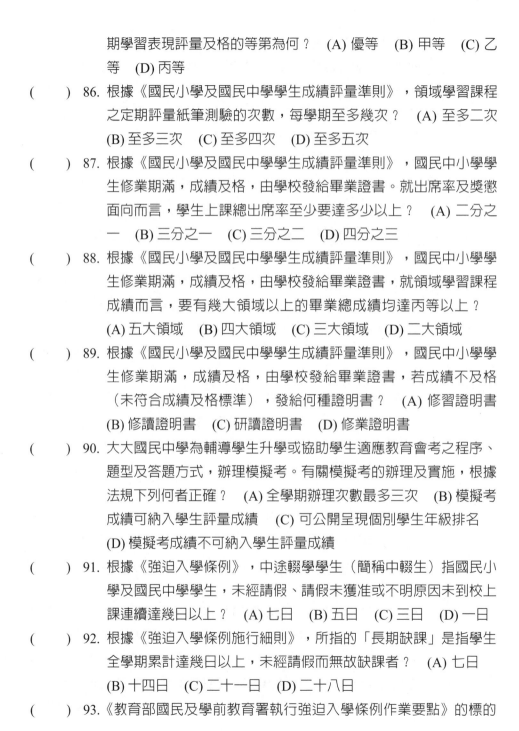

期學習表現評量及格的等第為何？　(A) 優等　(B) 甲等　(C) 乙等　(D) 丙等

(　　) 86. 根據《國民小學及國民中學學生成績評量準則》，領域學習課程之定期評量紙筆測驗的次數，每學期至多幾次？　(A) 至多二次　(B) 至多三次　(C) 至多四次　(D) 至多五次

(　　) 87. 根據《國民小學及國民中學學生成績評量準則》，國民中小學學生修業期滿，成績及格，由學校發給畢業證書。就出席率及獎懲面向而言，學生上課總出席率至少要達多少以上？　(A) 二分之一　(B) 三分之一　(C) 三分之二　(D) 四分之三

(　　) 88. 根據《國民小學及國民中學學生成績評量準則》，國民中小學學生修業期滿，成績及格，由學校發給畢業證書，就領域學習課程成績而言，要有幾大領域以上的畢業總成績均達丙等以上？　(A) 五大領域　(B) 四大領域　(C) 三大領域　(D) 二大領域

(　　) 89. 根據《國民小學及國民中學學生成績評量準則》，國民中小學學生修業期滿，成績及格，由學校發給畢業證書，若成績不及格（未符合成績及格標準），發給何種證明書？　(A) 修習證明書　(B) 修讀證明書　(C) 研讀證明書　(D) 修業證明書

(　　) 90. 大大國民中學為輔導學生升學或協助學生適應教育會考之程序、題型及答題方式，辦理模擬考。有關模擬考的辦理及實施，根據法規下列何者正確？　(A) 全學期辦理次數最多三次　(B) 模擬考成績可納入學生評量成績　(C) 可公開呈現個別學生年級排名　(D) 模擬考成績不可納入學生評量成績

(　　) 91. 根據《強迫入學條例》，中途輟學學生（簡稱中輟生）指國民小學及國民中學學生，未經請假、請假未獲准或不明原因未到校上課連續達幾日以上？　(A) 七日　(B) 五日　(C) 三日　(D) 一日

(　　) 92. 根據《強迫入學條例施行細則》，所指的「長期缺課」是指學生全學期累計達幾日以上，未經請假而無故缺課者？　(A) 七日　(B) 十四日　(C) 二十一日　(D) 二十八日

(　　) 93.《教育部國民及學前教育署執行強迫入學條例作業要點》的標的

對象<u>不適用</u>於下列何者學生？ (A) 新生未報到者 (B) 新生已入學者 (C) 轉出未轉入者 (D) 長期缺課者

( ) 94. 根據高級中等學校相關法規，高級中等學校學生未經請假或不明原因未到校上課連續達三日以上者稱為何種學生？ (A) 中途輟學學生 (B) 中途離校學生 (C) 中途離開學生 (D) 長期缺課學生

( ) 95. 根據《高級中等學校中途離校學生預防追蹤及復學輔導實施要點》，高級中等學校學生曠課累積達多少節之學生稱為「長期缺課學生」？ (A) 二十二節 (B) 三十二節 (C) 四十二節 (D) 五十二節

( ) 96. 根據《高級中等學校學生學籍管理辦法》，學生於開學日後，無故連續未到校超過多少日，並經通知而未於期限內回校辦理請假、轉學或放棄學籍者，視為休學？ (A) 三日 (B) 七日 (C) 十四日 (D) 二十一日

( ) 97. 陳老師教甄時報名的類別為縣市偏遠地區，陳老師考上後，根據《偏遠地區學校教育發展條例》，陳老師應實際服務幾年以上，才可以提出申請介聘至非偏遠地區學校服務？ (A) 三年 (B) 四年 (C) 五年 (D) 六年

( ) 98. 根據《偏遠地區學校教育發展條例》，某村（里或部落）未設學校，要設立國民小學分校或分班的要件是離最近公立國民小學五公里以上，且無大眾運輸或免費交通工具可到達。此外，是村、里或部落內有國民小學學齡兒童多少人以上？ (A) 三人以上 (B) 五人以上 (C) 十人以上 (D) 十五人以上

( ) 99. 根據《偏遠地區學校教育發展條例施行細則》，中小學偏遠地區學生的界定是指學生於偏遠地區學校國民小學及國民中學就讀合計至少滿幾年，並取得畢業證書？ (A) 二年 (B) 三年 (C) 四年 (D) 五年

( ) 100. 國民中小學的人事費占國民教育經費很大比例，教師之人事費就經費類型是歸屬於下列哪一項？ (A) 經常門費用 (B) 例行門費

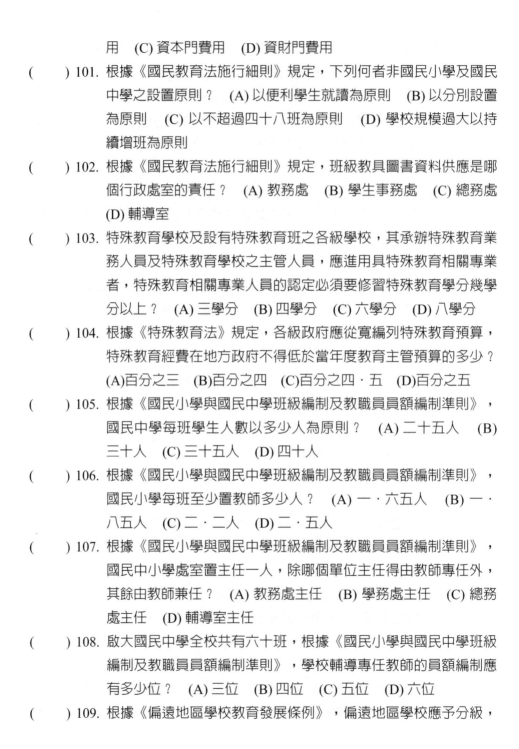

用　(C) 資本門費用　(D) 資財門費用

(　　) 101. 根據《國民教育法施行細則》規定，下列何者非國民小學及國民中學之設置原則？　(A) 以便利學生就讀為原則　(B) 以分別設置為原則　(C) 以不超過四十八班為原則　(D) 學校規模過大以持續增班為原則

(　　) 102. 根據《國民教育法施行細則》規定，班級教具圖書資料供應是哪個行政處室的責任？　(A) 教務處　(B) 學生事務處　(C) 總務處　(D) 輔導室

(　　) 103. 特殊教育學校及設有特殊教育班之各級學校，其承辦特殊教育業務人員及特殊教育學校之主管人員，應進用具特殊教育相關專業者，特殊教育相關專業人員的認定必須要修習特殊教育學分幾學分以上？　(A) 三學分　(B) 四學分　(C) 六學分　(D) 八學分

(　　) 104. 根據《特殊教育法》規定，各級政府應從寬編列特殊教育預算，特殊教育經費在地方政府不得低於當年度教育主管預算的多少？　(A)百分之三　(B)百分之四　(C)百分之四‧五　(D)百分之五

(　　) 105. 根據《國民小學與國民中學班級編制及教職員員額編制準則》，國民中學每班學生人數以多少人為原則？　(A) 二十五人　(B) 三十人　(C) 三十五人　(D) 四十人

(　　) 106. 根據《國民小學與國民中學班級編制及教職員員額編制準則》，國民小學每班至少置教師多少人？　(A) 一‧六五人　(B) 一‧八五人　(C) 二‧二人　(D) 二‧五人

(　　) 107. 根據《國民小學與國民中學班級編制及教職員員額編制準則》，國民中小學處室置主任一人，除哪個單位主任得由教師專任外，其餘由教師兼任？　(A) 教務處主任　(B) 學務處主任　(C) 總務處主任　(D) 輔導室主任

(　　) 108. 啟大國民中學全校共有六十班，根據《國民小學與國民中學班級編制及教職員員額編制準則》，學校輔導專任教師的員額編制應有多少位？　(A) 三位　(B) 四位　(C) 五位　(D) 六位

(　　) 109. 根據《偏遠地區學校教育發展條例》，偏遠地區學校應予分級，

其分級及認定標準，由中央主管機關會商原住民族委員會、地方主管機關訂定，每隔幾年重新檢討認定分級？　(A) 一年　(B) 二年　(C) 三年　(D) 四年

(　) 110. 根據《偏遠地區學校教育發展條例》，偏遠地區國民小學全校學生人數末滿五十人且採混齡編班者，除置校長及必要之行政人力外，其教師員額編制，得以生師比多少計算？　(A) 三比一　(B) 五比一　(C) 六比一　(D) 十比一

(　) 111. 根據《師資培育法》對師資培育的定義為「專業教師之培養」，其範疇包括哪些內容？　(A) 師資職前教育、教育實習、教師在職進修　(B) 師資職前教育、教育資格考試、教育實習　(C) 師資職前教育、教師研習活動、教育實習　(D) 師資職前教育、教育實習、教學倫理教育

(　) 112. 根據《師資培育法》，為培育教師任教學科、領域、群科專長之專門知能課程稱為何種課程？　(A) 普通課程　(B) 教育專業課程　(C) 教育專門課程　(D) 專門課程

(　) 113. 根據《師資培育法》，中央主管機關得視政策需要，經哪個單位審議通過後，協調師資培育之大學，辦理師資職前教育課程，招收具特定條件之大學畢業生，修習師資職前教育課程至少一年？　(A) 師資評鑑委員會審議　(B) 師資培育審議會審議　(C) 高教評鑑中心審議　(D) 國家教育研究院審議

(　) 114.《中華民國教師專業素養指引——師資職前教育階段暨師資職前教育課程基準》，共列舉幾項教師專業素養、幾項教師專業素養指標？　(A) 五項教師專業素養、十五項教師專業素養指標　(B) 五項教師專業素養、十七項教師專業素養指標　(C) 四項教師專業素養、十五項教師專業素養指標　(D) 四項教師專業素養、十七項教師專業素養指標

(　) 115.《中華民國教師專業素養指引——師資職前教育階段暨師資職前教育課程基準》列舉之專業素養指標：「透過教育實踐關懷弱勢學生，以體認教師專業角色」對應的教師專業素養為何者？

(A) 了解教育發展的理念與實務　(B) 了解並尊重學習者的發展與學習需求　(C) 規劃適切的課程、教學及多元評量　(D) 認同並實踐教師專業倫理

(　) 116. 陳老師今年參加縣市教師聯合甄選及格錄取，介聘到啟大國民小學任教，根據《教師法》的規定，陳老師的聘任類型為下列何者？　(A) 初聘一年　(B) 初聘二年　(C) 長期聘任四年　(D) 視學校教師評審委員會而定

(　) 117. 根據《教師法》，高級中等以下學校教師之聘任，若續聘三次以上且服務成績優良者，經教師評審委員會全體委員多少以上審查通過後，得以長期聘任？　(A) 二分之一　(B) 三分之一　(C) 三分之二　(D) 四分之三

(　) 118. 根據《教師法》，高級中等以下學校教師之聘任，若續聘三次以上且服務成績優良者，經教師評審委員會全體委員三分之二以上審查通過後，得以長期聘任，長期聘任最多期限為幾年？　(A) 四年　(B) 五年　(C) 六年　(D) 七年

(　) 119. 根據《高級中等以下學校教師專業審查會組成及運作辦法》，專審會委員中由教師會推派的代表必須擔任專任教師幾年以上？
(A) 四年　(B) 五年　(C) 六年　(D) 七年

(　) 120. 根據《教師請假規則》，老師因疾病或經醫師診斷需安胎休養者，其治療或休養期間，得請病假，每學年最多可請多少日？
(A) 十四日　(B) 二十一日　(C) 二十八日　(D) 三十五日

(　) 121. 根據《教師請假規則》，無特殊事件或理由，婚假應自結婚登記之日前十日起三個月內請畢，老師結婚的婚假可以請多少日？
(A) 七日　(B) 十四日　(C) 二十一日　(D) 二十八日

(　) 122. 根據《教師請假規則》，教師因執行職務或上下班途中發生危險以致傷病，學校應給予公假，讓教師休養或療治，時間最長為多久？　(A) 六個月　(B) 一年　(C) 一年半　(D) 二年

(　) 123. 根據《教師請假規則》，教師每學年可以請事假及家庭照顧假，但事假及家庭照顧假合計超過准假日數，應按日扣除薪給，教師

所遺課務代理費用應由學校支付。請問上述假日合計學校最多可准假幾日，教師才不會被按日扣除薪給？　(A) 七天　(B) 十天　(C) 十四天　(D) 二十一天

(　) 124. 根據《教師請假規則》，教師因懷孕者，於分娩前，給產前假八日，得分次申請，不得保留至分娩後。於分娩後，給娩假多少日？　(A) 二十五日　(B) 二十八日　(C) 三十五日　(D) 四十二日

(　) 125. 根據《教師請假規則》，女性教師全學年請生理假未逾幾日，不併入病假計算？　(A) 三日　(B) 四日　(C) 五日　(D) 六日

(　) 126. 根據《教師進修研究等專業發展辦法》第七條，教師全時進修或研究，學校給予公假最長為多久？　(A) 三個月　(B) 六個月　(C) 一年　(D) 二年

(　) 127. 根據《教師進修研究等專業發展辦法》，學校或其主管機關未基於業務需要及主動薦送、指派，教師部分辦公時間專業發展，每人每週公假時數最高為多少小時？　(A) 四小時　(B) 八小時　(C) 十二小時　(D) 十六小時

(　) 128. 根據《教師進修研究等專業發展辦法》，陳教師帶職帶薪全時進修四年取得博士學位後，未有教學或業務特殊需求，陳老師必須返回原校服務多少年後才能參與介聘調動至他校？　(A) 一年　(B) 二年　(C) 四年　(D) 八年

(　) 129. 根據《教師進修研究等專業發展辦法》，高級中等以下學校應積極推動多元之教師專業發展活動，提供教師專業發展之必要支持及協助，依學校發展特色、學生學習及教師教學需求，規劃何種本位之教師專業發展活動？　(A) 教師本位專業發展活動　(B) 學生本位專業發展活動　(C) 學校本位專業發展活動　(D) 課程本位專業發展活動

(　) 130. 根據《教師進修研究等專業發展辦法》，高級中等以下學校及其主管機關應就教學年資幾年以下之專任教師，訂定及實施初任教師陪伴輔導方案，並提供相關支持措施？　(A) 一年以下　(B) 二

年以下　(C) 三年以下　(D) 四年以下

(　　) 131. 根據《校園霸凌防制準則》對「霸凌」意涵的界定，下列何者錯誤？　(A) 個人或集體短暫地以言語、文字、圖畫等貶抑、排擠他人　(B) 個人或群體直接或間接對他人故意騷擾、欺凌或戲弄等行為　(C) 使他人處於具有敵意或不友善環境　(D) 對他人會產生精神上、生理上或財產上之損害

(　　) 132. 甲教師代表、乙學務人員、丙輔導人員、丁家長代表、戊學者專家、己學生代表。根據《校園霸凌防制準則》，國民中小學應組成防制校園霸凌因應小組，小組成員包括的代表下列，何者正確？(A) 乙丙丁戊己　(B) 甲乙丙丁戊　(C) 甲乙丙丁戊己　(D) 甲乙丙戊己

(　　) 133. 依《高級中等教育法》規定，校務會議由校長召集並主持，若經校務會議代表五分之一以上請求召開臨時校務會議時，校長應於幾日內召開？　(A) 十日　(B) 十五日　(C) 二十日　(D) 三十日

(　　) 134. 依《高級中等教育法》規定，校務會議由校長召集並主持，其開會期程與次數為何？　(A) 每學期至少開會一次　(B) 每學期至少開會二次　(C) 每學年至少開會一次　(D) 授權各學校彈性決定

(　　) 135. 根據《高級中等教育法》規定，對於高級中等學校教科用書的描述何者錯誤？　(A) 以由民間編輯為原則　(B) 經由學校校務會議通過後公開選用　(C) 由國家教育研究院審定　(D) 由教育部審定

(　　) 136. 根據《國民小學與國民中學未入學或中途輟學學生通報及復學輔導辦法》，新生未經請假或不明原因未就學者，稱為何種類型學生？　(A) 中途輟學學生　(B) 未入學學生　(C) 中途離開學生　(D) 高關懷學生

(　　) 137. 林老師為第一年新任國小合格教師，根據《教育部國民及學前教育署補助辦理國民小學及國民中學學生學習扶助作業注意事項》，林老師應接受多少小時的學習扶助師資研習課程，才能具備學習扶助師資資格？　(A) 四小時　(B) 八小時　(C) 十二小時

(D) 十八小時

(　) 138. 根據《高級中等學校中途離校學生預防追蹤及復學輔導實施要點》，高級中等學校應自學生中途離校、長期缺課或轉學事實發生，或復學之日起幾日內完成通報作業？　(A) 三日內　(B) 七日內　(C) 十日內　(D) 十四日內

(　) 139. 根據《偏遠地區學校分級及認定標準》，偏遠地區學校分為離島地區學校及臺灣本島偏遠地區學校，依交通、文化、生活機能、數位環境、社會經濟條件或其他因素等，各分為幾級？　(A) 二級　(B) 三級　(C) 四級　(D) 五級

(　) 140. 根據《偏地區學校分級及認定標準》，離島地區學校之分級中，臺東縣蘭嶼鄉、綠島鄉，依行政區域劃分為何種類型？　(A) 極度偏遠　(B) 特殊偏遠　(C) 非常偏遠　(D) 偏遠

(　) 141. 根據《高級中等以下學校兼任代課及代理教師聘任辦法》，學校聘任多久以上之代課、代理教師，應依資格順序公開甄選，並經教師評審委員會審查通過後，由校長聘任？　(A) 一個月以上　(B) 二個月以上　(C) 三個月以上　(D) 一學期以上

(　) 142. 《國家語言發展法》第五條：中央主管機關應定期召開國家語言發展會議，研議、協調及推展國家語言發展事務。中央主管機關指的是下列何者？　(A) 教育部　(B) 原住民族委員會　(C) 文化部　(D) 內政部

(　) 143. 根據《國家語言發展法》，下列何者非國家語言的範疇？　(A) 新住民語言　(B) 原住民語言　(C) 臺灣手語　(D) 客家話

(　) 144. 根據《國家語言發展法》，十二年課綱中國民基本教育各階段之國家語言列為何種課程？　(A) 彈性課程　(B) 選修課程　(C) 校本課程　(D) 部定課程

(　) 145. 根據《國家語言發展法施行細則》第六條：配合十二年國民基本教育課程綱要中何種領域之規劃，針對面臨傳承危機國家語言，訂定合宜之課程？　(A) 語文領域　(B) 社會領域　(C) 綜合活動領域　(D) 健康與體育領域

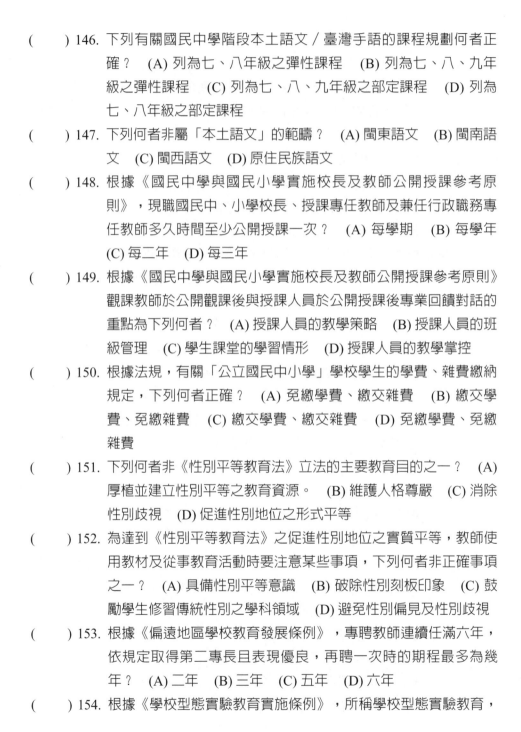

（　　）146. 下列有關國民中學階段本土語文／臺灣手語的課程規劃何者正確？　(A) 列為七、八年級之彈性課程　(B) 列為七、八、九年級之彈性課程　(C) 列為七、八、九年級之部定課程　(D) 列為七、八年級之部定課程

（　　）147. 下列何者非屬「本土語文」的範疇？　(A) 閩東語文　(B) 閩南語文　(C) 閩西語文　(D) 原住民族語文

（　　）148. 根據《國民中學與國民小學實施校長及教師公開授課參考原則》，現職國民中、小學校長、授課專任教師及兼任行政職務專任教師多久時間至少公開授課一次？　(A) 每學期　(B) 每學年　(C) 每二年　(D) 每三年

（　　）149. 根據《國民中學與國民小學實施校長及教師公開授課參考原則》觀課教師於公開觀課後與授課人員於公開授課後專業回饋對話的重點為下列何者？　(A) 授課人員的教學策略　(B) 授課人員的班級管理　(C) 學生課堂的學習情形　(D) 授課人員的教學掌控

（　　）150. 根據法規，有關「公立國民中小學」學校學生的學費、雜費繳納規定，下列何者正確？　(A) 免繳學費、繳交雜費　(B) 繳交學費、免繳雜費　(C) 繳交學費、繳交雜費　(D) 免繳學費、免繳雜費

（　　）151. 下列何者非《性別平等教育法》立法的主要教育目的之一？　(A) 厚植並建立性別平等之教育資源。　(B) 維護人格尊嚴　(C) 消除性別歧視　(D) 促進性別地位之形式平等

（　　）152. 為達到《性別平等教育法》之促進性別地位之實質平等，教師使用教材及從事教育活動時要注意某些事項，下列何者非正確事項之一？　(A) 具備性別平等意識　(B) 破除性別刻板印象　(C) 鼓勵學生修習傳統性別之學科領域　(D) 避免性別偏見及性別歧視

（　　）153. 根據《偏遠地區學校教育發展條例》，專聘教師連續任滿六年，依規定取得第二專長且表現優良，再聘一次時的期程最多為幾年？　(A) 二年　(B) 三年　(C) 五年　(D) 六年

（　　）154. 根據《學校型態實驗教育實施條例》，所稱學校型態實驗教育，

指依據特定教育理念，以何者為範圍，從事教育理念之實踐並整合性實驗之教育？　(A) 學生　(B) 社區　(C) 學校　(D) 族群

(　) 155. 根據《學校型態實驗教育實施條例》，學校型態實驗教育之審議、監督及政策與資源協調等相關事項，應由各該主管機關定期召開學校型態實驗教育審議會辦理，實驗教育審議會委員一任的任期多少年？　(A) 一年　(B) 二年　(C) 三年　(D) 四年

(　) 156. 根據《偏遠地區學校分級及認定標準》，偏遠地區學校分為三級，三級偏遠地區的名稱界定為下列何者？　(A) 極度偏遠、特殊偏遠、偏遠　(B) 極度偏遠、很偏遠、偏遠　(C) 很偏遠、特殊偏遠、偏遠　(D) 非常偏遠、特殊偏遠、一般偏遠

(　) 157. 根據《高級中等以下教育階段非學校型態實驗教育實施條例》，下列對於非學校型態實驗教育的描述何者錯誤？　(A) 非以營利為目的　(B) 實驗教育之理念應以教材為中心　(C) 不受強迫入學條例之規範　(D) 計畫期程，配合普通學校學期時間

(　) 158. 根據《國民教育法》規定，國民小學及國民中學之教科圖書，由教育部審定。若教科圖書審定委員會成員有十八人，教師代表至少要有多少位？　(A) 二位　(B) 六位　(C) 九位　(D) 十二位

(　) 159. 依據《國民小學及國民中學教科圖書審定委員會組織及運作要點》，教育部為審定依課程綱要所編輯之教科圖書，設各領域教科圖書審定委員會，委員會成員中的教師代表資格須為與審定之教科圖書同一教育階段之現職教師，且具該學科領域專業知能，此外，要有多少年以上的教學年資？　(A) 五年以上　(B) 七年以上　(C) 八年以上　(D) 十年以上

(　) 160. 依據《國民小學及國民中學教科圖書審定委員會組織及運作要點》，教育部為審定依課程綱要所編輯之教科圖書，設各領域教科圖書審定委員會，審定委員會委員一任的聘期多少年？
(A) 一年　(B) 二年　(C) 三年　(D) 四年

(　) 161. 根據《偏遠地區學校教育發展條例》，專為偏遠地區學校辦理之甄選之教師應實際服務六年以上，始得提出申請介聘至非偏遠地

區學校服務。實際服務六年，指實際服務現職學校期間扣除各項留職停薪期間所計算之實際年資，但育嬰或應徵服兵役而留職停薪期間之年資得採計，採計期程至多為多少年？　(A) 至多半年　(B) 至多一年半　(C) 至多一年　(D) 至多二年

(　) 162. 登革熱（Dengue fever），是一種由登革病毒所引起的急性傳染病，這種病毒會經由蚊子傳播給人類。校園登革熱的防治是學務處重要的工作事項之一，根據《傳染病防治法》，目前將登革熱列為第幾類傳染病？　(A) 第一類傳染病　(B) 第二類傳染病　(C) 第三類傳染病　(D) 第四類傳染病

(　) 163. 陳校長擔任偏遠地區學校校長，根據《偏遠地區學校教育發展條例》，陳校長如果辦學績效卓著，所提校務發展計畫經審核通過，並經主管機關校長遴選委員會同意，陳校長至多可擔任此偏遠地區學校校長多少年？　(A) 八年　(B) 九年　(C) 十年　(D) 十二年

(　) 164. 根據《遠地區學校教育發展條例》，某村（里或部落）未設學校，要設立國民小學分校或分班的要件一為村、里或部落內有國民小學學齡兒童有十五人以上；二為離最近公立國民小學幾公里以上，且無大眾運輸或免費交通工具可到達？　(A) 一公里以上　(B) 三公里以上　(C) 五公里以上　(D) 十公里以上

(　) 165. 根據《偏遠地區學校教育發展條例》，中央主管機關應每多少年要辦理全國偏遠地區教育會議？　(A) 一年　(B) 二年　(C) 三年　(D) 四年

(　) 166. 根據《教師請假規則》，公立中小學教師兼任行政職務者，應給予休假，其專任教師年資得併計核給。林老師是初聘一年的新任教師，兼任教務處教學組長職務，林老師擔任組長一學年後，第二學年可休假多少日？　(A) 七日　(B) 十四日　(C) 二十一日　(D) 二十八日

(　) 167. 根據《教師請假規則》，教師請假、公假或休假，應填具假單，經學校核准後，始得離開。但有急病或緊急事故，得由其同事或

親友代辦或補辦請假手續。教師未依規定請假而擅離職守或假期已滿仍未銷假，或請假有虛偽情事者，均會受到何種懲處？
(A) 曠職論 　(B) 曠課論 　(C) 申戒處分 　(D) 停聘

(　) 168. 啟大國民中學一年級新生經調查結果，新學年度的本土語言開設閩東語文，每週一節，從國民中學課程綱要規定而言，此課程屬於下列何種？ 　(A) 部定課程 　(B) 校訂課程 　(C) 彈性課程
(D) 潛在課程

(　) 169. 根據《學生輔導法》規定，學校及主管機關所置專業輔導人員，主要負責執行何種輔導措施？ 　(A) 發展性輔導措施 　(B) 介入性輔導措施 　(C) 處遇性輔導措施 　(D) 諮詢性輔導措施

(　) 170. 根據《學生輔導法》規定，高級中等以下學校之教師，每年應接受輔導知能在職進修課程至少多少小時？ 　(A) 三小時 　(B) 六時時 　(C) 十二小時 　(D) 十八小時

(　) 171. 根據《國民中小學辦理戶外教育實施原則》，國民中小學戶外教育的辦理次數原則為何？ 　(A) 每學期至少辦理一次為原則 　(B) 每學期至少辦理二次為原則 　(C) 每學期至少辦理三次為原則
(D) 每學年至少辦理一次為原則

(　) 172. 根據《國民中小學辦理戶外教育實施原則》，戶外教育辦理地點以學校校園環境為起點，並以何者為中心，把握由近及遠之原則？ 　(A) 學校所在社區 　(B) 學生生活經驗 　(C) 學校本位課程
(D) 學生興趣動機

(　) 173. 根據《國民教育階段家長參與學校教育事務辦法》，每學年開學後二週內，班級教師應協助成立班級家長會，並提供其相關資訊。每學年開學後多久時間內，學校應協助成立全校家長代表大會，並提供相關資訊，以協助成立家長委員會？ 　(A) 三週內
(B) 一個月內 　(C) 六週內 　(D) 二個月內

(　) 174. 根據《師資培育之大學及教育實習機構辦理教育實習辦法》，中小學擔任實習輔導教師，必須具有多少年以上教學年資之編制內專任教師，能示範有效教學技巧及具有輔導能力？ 　(A) 二年以

上　(B) 三年以上　(C) 四年以上　(D) 五年以上

(　　) 175. 根據《師資培育之大學及教育實習機構辦理教育實習辦法》，修習半年全時教育實習之實習學生的教學實習以循序漸進為原則；開學後第一週至第三週以見習為主，第四週起進行上臺教學，就國民小學及國民中學教學實習而言，上臺教學節數規定為何？
(A) 專任教師授課節數四分之一以上三分之一以下　(B) 專任教師授課節數五分之一以上二分之一以下　(C) 專任教師授課節數五分之一以上三分之一以下　(D) 專任教師授課節數六分之一以上二分之一以下

(　　) 176. 根據《師資培育之大學及教育實習機構辦理教育實習辦法》，修習半年全時教育實習之實習學生的「研習活動」為以參加校內、外教學、班級經營、學生輔導、教育政策及精進專業知能之研習活動為主；參加時數，總計應至少多少小時？　(A) 至少六小時　(B) 至少八小時　(C) 至少十小時　(D) 至少十二小時

(　　) 177. 根據《國民教育法》規定，國民小學及國民中學之課程，應以民族精神教育及何者為中心，以達學生身心健全發展為目標？
(A) 學生生活經驗　(B) 國民社會規範　(C) 國民生活教育　(D) 社會倫理道德

(　　) 178. 根據《國民教育法》規定，為適應學生個別差異、學習興趣與需要，國民中學幾年級學生，應在自由參加之原則下，由學校提供技藝課程選習，加強技藝教育，並得採專案編班方式辦理？
(A) 一年級　(B) 二年級　(C) 三年級　(D) 一至三年級

(　　) 179. 根據《國民小學及國民中學設施設備基準》，國民小學每班一間普通教室，面積（包括走廊）為一百一十七平方公尺，每間教室以容納多少人為原則？　(A) 二十五人　(B) 二十九人　(C) 三十人　(D) 三十九人

(　　) 180. 根據《國民小學及國民中學設施設備基準》，國民中學每班一間普通教室，面積（包括走廊）為一百一十七平方公尺，每間教室以容納多少人為原則？　(A) 二十五人　(B) 二十九人　(C) 三十

人　(D) 三十九人

（　）181. 某教師經學校性別平等教育委員會或依法組成之相關委員會調查
確認有性騷擾或性霸凌行為，有解聘及終身不得聘任為教師之必
要，根據《教師法》，其解聘程序為下列何者？　(A) 免經教師
評審委員會審議，並免報主管機關核准予以解聘　(B) 免經教師
評審委員會審議，由學校逕報主管機關核准後予以解聘　(C) 應
經教師評審委員會委員三分之二以上出席及出席委員二分之一以
上之審議通過，並報主管機關核准後予以解聘　(D) 應經教師評
審委員會委員三分之二以上出席及出席委員三分之二以上之審議
通過，並報主管機關核准後予以解聘

（　）182. 某教師行為違反相關法規，經學校或有關機關查證屬實，有解聘
及終身不得聘任為教師之必要，根據《教師法》，其解聘程序為
下列何者？　(A) 免經教師評審委員會審議，並免報主管機關核
准予以解聘　(B) 免經教師評審委員會審議，由學校逕報主管機
關核准後予以解聘　(C) 應經教師評審委員會委員三分之二以上
出席及出席委員二分之一以上之審議通過，並報主管機關核准後
予以解聘　(D) 應經教師評審委員會委員三分之二以上出席及出
席委員三分之二以上之審議通過，並報主管機關核准後予以解聘

（　）183. 下列何者是《教師法》明定的教師義務？　(A) 擔任處室組長
(B) 擔任上下學導護老師　(C) 擔任導師　(D) 擔任學習扶助教師

（　）184. 下列何者非《教師法》第三十一條中所明定的權利？　(A) 參加學
校教師會　(B) 參加在職進修研究　(C) 擁有教學專業自主權
(D) 擁有罷教權

（　）185. 根據《教師法》及《教師法施行細則》，有關教師組織的描述，
下列何者錯誤？　(A) 教師組織分為三級　(B) 學校教師會是職業
團體　(C) 學校教師會是聯合團體　(D) 地方教師會是聯合團體

（　）186. 根據《教師法》及《教師法施行細則》，有關教師組織之學校教
師會的規範下列何者正確？　(A) 學校代理／兼課教師也可以參
加　(B) 同一學校至少要有專任教師三十位以上參加　(C) 大型

學校教師可以跨校／跨區參加　(D) 依人民團體法規定設立，名稱可自由設定

(　) 187. 甲直轄市之大大國民中學陳教師認為學校有違法或不當，致其權益受損，陳老師根據《教師法》提起申訴，陳老師申訴要向哪個單位成立之申訴評議委員會提出？　(A) 甲直轄市教師會　(B) 甲直轄市政府　(C) 大大國民中學　(D) 教育部

(　) 188. 根據《教師申訴評議委員會組織及評議準則》，各級主管機關申訴評議委員會的規範及運作何者錯誤？　(A) 委員中未兼行政職務之教師人數不得少於委員總數三分之二　(B) 委員中任一性別委員人數不得少於委員總數三分之一　(C) 申評會主席由委員互選、任期一年，連選得連任　(D) 申評會主席，得由該級主管機關首長擔任

(　) 189. 根據《教師法》，教師在下列何種情況下較適宜予以資遣處理？　(A) 教學不力調查有具體事實　(B) 違反教師聘約情節嚴重者　(C) 體罰學生造成其身心侵害　(D) 合格醫院證明身體衰弱不能勝任工作

(　) 190. 林老師為初任教師，擔任七年級的英文專任教師，根據《學生輔導法》規定，林老師主要負責執行下列何種類性輔導措施？　(A) 發展性輔導　(B) 介入性輔導　(C) 處遇性輔導　(D) 統合式輔導

(　) 191. 啟大國民小學開學後不久，六年二班有家長向教育局投訴某科任教師教學不力，要求更換此科任教師，教育局將投訴信件轉學校處理。根據相關法規，學校接獲檢舉或知悉後，應於幾日內召開校園事件處理會議（校事會議）審議？　(A) 五日內　(B) 七日內　(C) 十日內　(D) 十二日內

(　) 192. 根據《教師法》及《高級中等以下學校教師專業審查會組成及運作辦法》，下列哪種教師行為事件若經校園事件處理會議受理，可決議由學校自行調查或依規定向主管機關申請教師專業審查會（簡稱專審會）調查事件是否屬實？　(A) 體罰學生事件　(B) 性

騷擾學生事件　(C) 嚴重違反聘約規定　(D) 教學不力事件

(　) 193. 根據《高級中等以下學校教師專業審查會組成及運作辦法》，
教師專業審查會（專審會）主要功能為下列何者？　(A) 調查、
輔導、審議　(B) 諮商、評鑑、審議　(C) 調查、評鑑、審議
(D) 諮詢、輔導、審議

(　) 194. 根據《高級中等以下學校教師專業審查會組成及運作辦法》，主
管機關依規定成立之教師專業審查會（專審會），其在調查、
輔導、審議由學校申請的案件方面，是關於以下何種事件？
(A) 教師體罰事件　(B) 教師霸凌事件　(C) 教師性騷擾事件
(D) 教師教學不力或不能勝任教學工作之事件

(　) 195. 根據《國民教育法》，國民中小學課程綱要之研究及審議，準用
何種法規之相關規定？　(A) 教育基本法　(B) 高級中等教育法
(C) 憲法增修條文　(D) 國民小學及國民中學設施設備基準

(　) 196. 根據《國民小學及國民中學設施設備基準》，國民中小學每間普
通教室室內面積至少應有四十八平方公尺，且每生享有室內面積
不得少於多少平方公尺？　(A) 一點四平方公尺　(B) 二點四平方
公尺　(C) 一點五平方公尺　(D) 二點五平方公尺

(　) 197. 根據《高級中等學校中途離校學生預防追蹤及復學輔導實施要
點》，日間部長期缺課學指的是缺課節數達修習總節數的二分之
一，或曠課累積達多少節之學生？　(A) 三十五節　(B) 四十節
(C) 四十二節　(D) 五十六節

(　) 198. 根據《高級中等學校中途離校學生預防追蹤及復學輔導實施要
點》，日間部長期缺課學指的是缺課節數達修習總節數的多少？
(A) 二分之一　(B) 三分之一　(C) 四分之一　(D) 五分之一

(　) 199. 根據《國民教育法》及《國民教育法施行細則》，對於交通不便、
偏遠地區或情況特殊之地區，直轄市、縣（市）政府視實際需要
與學習成效，選擇採取相關措施。下列何者非相關措施之一？
(A) 設置分校或分班　(B) 提供上下學所需之交通工具　(C) 提供
膳宿設備　(D) 鼓勵學生學區轉移

(　　) 200. 根據法規，高級中等學校校長的產生採用何種制度？　(A) 派任
制　(B) 遴選制　(C) 聘任制　(D) 檢定制

參考答案

1.(C)　2.(B)　3.(B)　4.(A)　5.(A)　6.(B)　7.(B)　8.(B)　9.(D)　10.(B)

11.(B)　12.(D)　13.(B)　14.(A)　15.(C)　16.(C)　17.(A)　18.(C)　19.(D)　20.(C)

21.(B)　22.(D)　23.(C)　24.(A)　25.(B)　26.(A)　27.(A)　28.(C)　29.(C)　30.(D)

31.(B)　32.(C)　33.(C)　34.(C)　35.(C)　36.(B)　37.(A)　38.(D)　39.(C)　40.(B)

41.(A)　42.(D)　43.(B)　44.(D)　45.(A)　46.(C)　47.(C)　48.(B)　49.(B)　50.(A)

51.(D)　52.(D)　53.(A)　54.(B)　55.(A)　56.(D)　57.(B)　58.(C)　59.(A)　60.(B)

61.(A)　62.(D)　63.(D)　64.(B)　65.(D)　66.(B)　67.(D)　68.(C)　69.(A)　70.(D)

71.(B)　72.(B)　73.(C)　74.(D)　75.(A)　76.(C)　77.(D)　78.(D)　79.(D)　80.(A)

81.(C)　82.(B)　83.(A)　84.(D)　85.(D)　86.(B)　87.(C)　88.(B)　89.(D)　90.(D)

91.(C)　92.(A)　93.(B)　94.(B)　95.(C)　96.(B)　97.(D)　98.(D)　99.(D)　100.(A)

101.(D)　102.(A)　103.(A)　104.(D)　105.(B)　106.(A)　107.(D)　108.(B)　109.(C)　110.(B)

111.(A)　112.(D)　113.(B)　114.(B)　115.(D)　116.(A)　117.(C)　118.(D)　119.(C)　120.(C)

121.(B)　122.(D)　123.(A)　124.(D)　125.(A)　126.(C)　127.(B)　128.(D)　129.(C)　130.(C)

131.(A)　132.(B)　133.(B)　134.(A)　135.(D)　136.(B)　137.(B)　138.(A)　139.(B)　140.(B)

141.(C)　142.(C)　143.(A)　144.(D)　145.(A)　146.(D)　147.(C)　148.(B)　149.(C)　150.(D)

151.(D)　152.(C)　153.(D)　154.(C)　155.(B)　156.(A)　157.(B)　158.(B)　159.(A)　160.(B)

161.(D)　162.B　163.(D)　164.(C)　165.(C)　166.(A)　167.(A)　168.(A)　169.(C)　170.(A)

171.(A)　172.(B)　173.(B)　174.(B)　175.(D)　176.(C)　177.(C)　178.(C)　179.(B)　180.(C)

181.(B)　182.(D)　183.(C)　184.(D)　185.(C)　186.(B)　187.(B)　188.(D)　189.(D)　190.(A)

191.(A)　192.(D)　193.(A)　194.(D)　195.(B)　196.(B)　197.(C)　199.(A)　199.(D)　200.(B)

國家圖書館出版品預行編目資料

教育法規重點精要／吳明隆，陳國泰編著.
－－初版.－－臺北市：五南圖書出版股份
有限公司, 2023.04
　面；　公分
ISBN 978-626-343-919-1（平裝）

1.CST: 教育法規

526.233　　　　　　　112003383

1I7P

教育法規重點精要

編 著 者 ― 吳明隆、陳國泰

發 行 人 ― 楊榮川

總 經 理 ― 楊士清

總 編 輯 ― 楊秀麗

副總編輯 ― 黃文瓊

責任編輯 ― 李敏華

封面設計 ― 姚孝慈

出 版 者 ― 五南圖書出版股份有限公司

地　　址：106臺北市大安區和平東路二段339號4樓

電　　話：(02)2705-5066　　傳　　真：(02)2706-6100

網　　址：https://www.wunan.com.tw

電子郵件：wunan@wunan.com.tw

劃撥帳號：01068953

戶　　名：五南圖書出版股份有限公司

法律顧問　林勝安律師

出版日期　2023年4月初版一刷

定　　價　新臺幣300元

經典永恆・名著常在

五十週年的獻禮——經典名著文庫

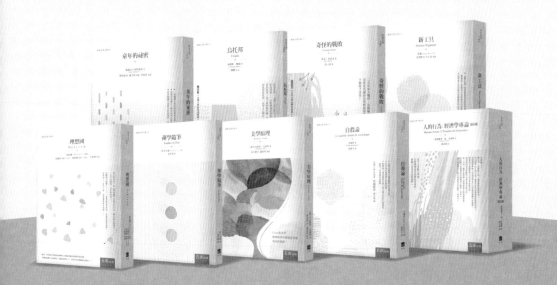

五南，五十年了，半個世紀，人生旅程的一大半，走過來了。

思索著，邁向百年的未來歷程，能為知識界、文化學術界作些什麼？

在速食文化的生態下，有什麼值得讓人雋永品味的？

歷代經典・當今名著，經過時間的洗禮，千錘百鍊，流傳至今，光芒耀人；

不僅使我們能領悟前人的智慧，同時也增深加廣我們思考的深度與視野。

我們決心投入巨資，有計畫的系統梳選，成立「經典名著文庫」，

希望收入古今中外思想性的、充滿睿智與獨見的經典、名著。

這是一項理想性的、永續性的巨大出版工程。

不在意讀者的眾寡，只考慮它的學術價值，力求完整展現先哲思想的軌跡；

為知識界開啟一片智慧之窗，營造一座百花綻放的世界文明公園，

任君遨遊、取菁吸蜜、嘉惠學子！